「新しい歴史教科書をつくる会」副会長
藤岡信勝

教科書検定崩壊！

飛鳥新社

はじめに

文部科学省（文科省）による教科書検定は、理念的にも、制度的にも、実務的にも、崩壊の危機に瀕《ひん》している。教育行政は国民の信頼の上に成立して初めて有効に機能する。しかるに、今、教科書検定に対する国民の信頼は地に落ち、権威は著《いちじる》しく失墜《しっつい》した。

責任は、左翼勢力に牛耳《ぎゅうじ》られた文科省の教科書行政関係者、具体的に言えば、教科書調査官、検定審議会委員、そして教科書行政を担当する事務局組織にある。これらの組織が左翼・反日勢力に壟断《ろうだん》され、自分たちの心情やイデオロギーを基準に、国民の良識から乖離《かいり》し、国家として絶対に許されない恣意的《しいてき》な行政行為をほしいままにしたのである。

「新しい歴史教科書をつくる会」（つくる会）は、平成九年（一九九七年）の創立以来、「自虐史観」の克服と、誇りある日本の歴史を取り戻すための活動を進めてきた。中学校社会科歴史的分野の教科書として、『新しい歴史教科書』の製作を推進し、過去五回にわたって検定に合格してきた。ところが、令和元年度の教科書検定で、その数年前に新たにつくられた「一発不合格」制度を適用され、問答無用で抹殺された。

「一発不合格」の基準は、「教科書一ページ当たり一・二箇所以上の検定意見がついた場合」である。教科書調査官と検定審議会は、あらかじめ自由社を不合格にするという結論を決め、この基準を超える数の検定意見をデッチ上げるために、なりふり構わないあら探しに狂奔《きょうほん》した。

「つくる会」は昨年四月、『教科書抹殺―文科省は「つくる会」をこうして狙い撃ちした』（飛鳥新社）を上梓《じょうし》し、百件の事例に限定して「不正検定」の実体を暴露した。

同書発刊後、同年六月から、同じ令和元年度の教科書検定で合格した他社の教科書と比べることが出来るようになった。その結果、同じ記述が他社は何の検定意見もつかず合格しているのに、自由社には検定意見が付けられるという「ダブルスタンダード検定」の事例が、実に三十一箇所も発見された。これはもう、絶対に言い逃れのできない違法行為である。

日本国憲法は「法の下《もと》での平等」を謳《うた》い、「すべて公務員は全体の奉仕者であって、部分の奉仕者ではない」と定めている。自由社に対してなされた「一発不合格」処分は、公務員による重大な憲法違反の犯罪的行為である。本書はその実態をつまびらかにするために書かれた。

一では、再申請検定の過程で起こった、教科書検定の危機を象徴する、あるエピソードを紹介した。二では、「赤い官庁」文科省の実態を垣間見《かいまみ》ることにした。三では、自由社「一発不合格」と同時になされた、「従軍慰安婦」記述の復活問題を取り上げた。四では、文科官僚が「つくる会」側に責任をなすりつけるための詭弁《きべん》と捏造《ねつぞう》デマを暴露した。

そして、五では、異次元の、極めつきの「不正検定」である「ダブルスタンダード検定」を取り上げた。巻末にその三十一件すべてをまとめて掲載したので、ご覧いただきたい。文科官僚がやった犯罪的行為は、六十五ページの一覧表を見るだけでも、一目瞭然である。

本書によって、読者の皆様が、教科書検定をめぐる危機がいかに深刻であるかを感じ取っていただき、その改善のために声を上げて下さることを期待している。

令和三年（二〇二一年）四月三十日

著者

教科書検定崩壊！◉目次

【図表1】
自由社歴史教科書・検定関係と「従軍慰安婦」記述復活問題の日誌

年　度	出　来　事
平成31年度 令和元年度 (2019年度)	2019(平成31)4.17　自由社、『新しい歴史教科書』『新しい公民教科書』検定申請 2019(令和1)11.5　文科省、自由社『新しい歴史教科書』につき「検定審査不合格となるべき理由書」を交付、検定意見(欠陥箇所)数405件。説明役の教科書調査官＝村瀬・橋本・中前・鈴木(楠緒子) 11.25　自由社、175箇所の「反論書」提出 12.25　文科省、自由社に「反論認否書」交付、175箇所すべてに「否」の回答。「検定審査不合格通知書」交付(「なるべき」が取れただけで前回と内容は同一)。初中局長名の「通知書」交付、「一発不合格」が確定。説明役の教科書調査官＝前回に同じ 2020(令和2)2.21　「つくる会」記者会見、「一発不合格」を公表し、「不正検定」を主張 3.10　参院文教科学委員会で松沢成文議員(維新)が自由社への「不正検定」を追及 3.24　教科書検定審議会総会、令和元年度中学校教科書の検定結果を公表。自由社、令和書籍不合格。『新しい公民教科書』は合格。「従軍慰安婦」復活が判明、南京事件も含め自虐的記述が復活 3.25　「つくる会」が文科省で記者会見。この日、文科省丸山洋司初中局長が「自由社は40箇所の検定箇所の修正協議を拒否したから不合格になった」とのデマ情報を諸橋茂一「つくる会」理事に語る
令和2年度 (2020年度)	4.28　産経新聞に1392名の氏名を記した意見広告掲載。『教科書抹殺』(飛鳥新社)、『検定不合格　新しい歴史教科書』(自由社)発売 5.25　「つくる会」・文科省「不正検定」を正す会が合同で文科大臣に公開質問状提出→6．11ゼロ回答→6.19抗議声明発表 6.1　各地で採択のための教科書展示会開始、他社との比較で「ダブルスタンダード検定」が判明 6.29　自由社、再申請制度により『新しい歴史教科書』の検定を文科省に再申請 7.21　週刊誌「アサヒ芸能」が教科書調査官「北朝鮮スパイ」疑惑の記事を掲載→7.26文科省「不正検定」を正す会が記者会見で告発→萩生田文科大臣は疑惑を否定 9.11　文科省、自由社に対し再申請検定の結果を通告、検定意見83件で保留。検定意見の趣旨説明の場で説明役の教科書調査官が

	泣き出す事件が起こる 12.18　「つくる会」と慰安婦の真実国民運動、山川出版社の「従軍慰安婦」記述削除の行政指導を求める申入書を文科省に提出→2021.1.8回答→1.28第2回申入書→2.16回答→3.8第3回申入書→4.6回答。3度の回答はすべてゼロ回答→5.14第4回申入書 12.24　自由社、文科省に行政不服審査請求→2021.2.17文科省、期限切れ理由に却下 2021.1.29　産経新聞が「従軍慰安婦」記述問題を1面トップで報道 2.8　衆院予算委員会で藤田文武議員（維新）が「従軍慰安婦」復活で質問、加藤勝信官房長官「政府は使わず」と答弁。政府の答弁と文科省の答弁との乖離が目立ち始める 2.11　「つくる会CH」送信開始 2.15　文科省、情報漏洩に罰則規定を設けた教科書検定規則を施行 2.17　文科省、自由社へ『新しい歴史教科書』の検定合格を内示 2.24　「従軍慰安婦」復活で緊急抗議集会、5人の国会議員（高市早苗・松沢成文・山田宏・藤田文武・原田義昭の各氏）が出席 3.16　参院文教科学委員会で松沢成文議員（維新）が「徴用工」問題で政府を追及→4.27にも質問 3.22　参院文教科学委員会で有村治子議員（自民）が「従軍慰安婦」問題で包括的な質問 3.30　教科書検定審議会総会で高校「歴史総合」などの検定結果公表。「慰安婦」「従軍慰安婦」が12社中9社に掲載。中学歴史教科書の再申請検定で、自由社合格、令和書籍「一発不合格」
令和3年度 （2021年度）	4.5 「つくる会」、文科省教科書課長あてに、「ダブルスタンダード検定」31件に関する質問状を提出、回答期限は5月20日 4.6　産経新聞に、「自虐史観」と「不正検定」に反対する意見広告の参加者を募集する公告掲載 4.24　緊急シンポジウム「ラムザイヤー論文をめぐる国際歴史論争」（国際歴史論戦研究所主催）開催 4.26　産経新聞「正論」欄に、藤岡信勝「『採択の特例』は絵に描いた餅」掲載 4.27　政府、馬場伸幸衆議院議員（維新）の2件の質問主意書に対する答弁書を閣議決定。「従軍慰安婦」「強制連行」「強制労働」の用語の使用を否定 4.28　「つくる会」、閣議決定を高く評価しつつ、①山川出版社の記述訂正②「慰安婦」も中高の教科書に書かせない取り組み③河野談話の破棄、の3つの課題を提起する声明を発表

一

教科書調査官は泣いた！

――崩壊の危機に瀕する教科書検定

またも「誤解するおそれ」等が九割

令和元年度検定で「一発不合格」処分を受けた自由社の『新しい歴史教科書』は、年度内の再申請が認められず、年度で一年遅れとなる令和二年六月二十九日、文科省の検定を受けるための再申請を行った。再び検定料二十数万円を徴収されて。

教科書調査官が原案をつくり、検定審議会第二部会（社会科）歴史小委員会（外部の大学教授など数名で構成）の審議を経て検定意見書がつくられる。令和二年九月十一日がその検定意見書交付の日であった。

教科書課が入っている文科省七階の窓の無い一室。事務方から渡された検定意見書には、八十三件の検定意見が付けられていた。「一発不合格」にはなり得ないが、検定意見数は相変わらず多い。文科省はあくまで、自由社教科書の一点の非も見逃さない構えである。

「検定意見」という言葉は誤解を招きやすい。意見というと、ただの参考意見かと思われやすく、軽いイメージがあるが、その法的性格は強制力を伴う行政命令である。税金を課せられるのと同じで、税金は払わないと最後には財産を差し押さえられるが、検定制度では行政命令である検定意見の指示通りに従わない項目がひとつでもあると、検定に合格することができないという仕組みになっている。

渡された検定意見書をめくって、早速、適用された検定基準の統計をとった。教科書調査官の主観的解釈を持ち込める「誤解するおそれ」が五十八件、「理解し難い」が十四件、合わせて七十二件で、全体の実に八七パーセント、約九割を占める。この比率は、令和元年度検定時の七二パーセントよりも大きい。相変わらず、悪名高い曖昧《あいまい》条項が猛威を揮《ふる》ったのだと考えると、ウンザリする思いだった。ほかは誤字・脱字が八件、その他が三件だった。

「検定番号1」から異変

いつもの通り、当方の側の準備がある程度出来たところで、電話をして教科書調査官を呼んだ。入って来たのは、四人の教科書調査官と、事務方で検定業務を取り仕切っている検定専門官である。少し距離を置いて、私たちと向かい合わせの席を占めた。当方は、執筆者三人と自由社社員二人の五人である。

始まる前に、私は個々の検定意見について、それぞれ発案者を明らかにしてほしいと要求した。「それは出来ない。教科書調査官全体で責任を負っている」と検定専門官が強く主張した。従って、今後は歴史教科書の検定結果は、日本史及び世界史担当の七人の教科書調査官の連帯責任であるということになる。それを確認した上で、検定意見書の最初のページ（次の頁に掲載）から説明をうける順番になった。

【検定番号1】は、巻頭の、日本列島の地図が載っているグラビアページに付いた意見だ。「黒船来航で西洋文明の衝撃を受けた日本はこの150年間工業立国をめざして成功した」という記述が「生徒が誤解するおそれのある表現である」とされ、（黒船来航から150年であるかのように誤解する）と説明されている。この検定意見は令和元年度の検定で付けられ、納得がいか

【図表2　再申請検定の検定意見書　2020年9月11日交付】

受理番号　102-307	学校 中学校	教科 社会	種目 社会（歴史的分野）	学年　1-3

番号	指摘箇所 ページ	指摘箇所 行	指摘事項	指摘事由	検定基準
1	3	囲み	「3　高度100メートルから見た日本は「町工場の国」だ」中,「黒船来航で西洋文明の衝撃を受けた日本はこの150年間工業立国をめざして成功した」	生徒が誤解するおそれのある表現である。 （黒船来航から150ねんであるかのように誤解する。）	3-(3)
2	8	11-14左	これはまだ歴史ではありません。王が死んだことと王妃が死んだことが、ばらばらの出来事として時間順に記されているだけだからです。こういう記録を年代記といいます。	生徒が誤解するおそれのある表現である。 （年代記と歴史の関係）	3-(3)
3	14	2-3右	こうして堺は琉球などを仲介とする明との貿易が盛んになり、	生徒が誤解するおそれのある表現である。 （遣明船の航路の実態）	3-(3)
4	19	表	「登場人物紹介コーナー」中,「アマテラスオオミカミ」と「神武天皇」	生徒にとって理解し難い表現である。 （タイトル「登場人物紹介コーナー」との関係」）	3-(3)
5	22	側注	「3　文明」中,「Cvilization」	脱字である。	3-(2)
6	26	写真	「①古代アテネ復元図」中,「全市民が参加した民会を月2回開くのが慣習でした。」	生徒が誤解するおそれのある表現である。 （アテネ民会の頻度）	3-(3)
7	28-29	15-1	遊牧民族のヘブライ人（古代ユダヤ人）は、・・・彼らは新バビロニア王国に征服され、新バビロニア王国に滅ぼされ、多くはバビロンに連行されましたが、紀元前6世紀後半には解放され、	生徒が誤解するおそれのある表現である。 （ヘブライ人がバビロンに連行された経緯）	3-(3)
			エルサレムに神殿を建設しました。		
8	29	囲み	「⑦三大宗教の教義」中,「自らの隣人を愛することよって教義とされる。	脱字である。	3-(2)
9	29	囲み	「⑦三大宗教の教義」中,「人は、・・・自らの隣人を愛することよって教義とされる。」	生徒にとって理解し難い表現である。 （「人は・・・教義とされる。」）	3-(3)

検定基準の欄には、義務教育諸学校教科用図書検定基準又は高等学校教科用図書検定基準の第2章及び第3章に掲げる項目のうち、該当するものの番号を示す。

ないから再申請でもそのまま提出したものだ。

そこで、私は尋ねた。

《「この150年間」と書いてある。「この」というのは、日本語では「今から遡《さかのぼ》って」という意味だから、今から150年遡ると明治初年にまでしか達しない。そもそも全く同じ記述が、過去二回の検定で何の意見も付かず通っていた。なぜ、今回検定意見がついたのか、理解出来ない。自由社の教科書を落とすために検定意見を無理につけたのではないか》

説明役の教科書調査官は答えられない。無言のままだ。沈黙が続くうちに、全く予想もしないことが起こった。

説明役の教科書調査官が泣き出したのである。顔を腕で覆《おお》い、「ウウウ」と押し殺したような声で泣いている。これには度肝《どぎも》を抜かれた。五十を少し越えているかと思われる男性である。立派な社会人が人前の公的な場で、このように泣くなどということがあるのか。私も年をとり大抵のことには驚かなくなっていたが、このときだけは心底驚き、戸惑った。

教科書調査官も犠牲者

担当者が泣き止まないので、先に進めない。しかし、同僚の調査官はウンともスンとも言わずに無言で座っているだけだ。助け船を出そうとしない。心配になって、「〇〇先生は、お体の具合が悪いのではないですか?」とおそるおそる声を掛けたのは、当方の側の自由社の女性社員だった。それでも他の調査官は知らんぷりである。

結局、**「検定番号1」**の指摘については、うやむやのうちに終わってしまった。説明役の調査官はしばらくして、少し落ち着いてきたのか、声が出せるようになった。それでも絶えず泣きべそをかいているような状態が続いた。時間がかかることこの上ない。

結局、八十三件の検定意見の最後まで到達することはできなかった。検定での教科書会社への対応は三時間以内とされている。予定の時間が来た。私は「そちらの事情で最後までいけなかったのだから、時間を延長してほしい」と要求したが、検定専門官は断乎《だんこ》として拒否した。

説明役の調査官は、まことにお気の毒である。おそらく、この人は七人の歴史担当の教科書調査官のなかで、もっとも良心を失っていない人なのだ。自分たちのやっていることの理不尽さ、矛盾に耐えられなかったのである。私が述べた程度の質問は当然予想し、詭弁的な説明は用意していたであろうが、それを平然と口にすることが出来なかったのかもしれない。

今回の「不正検定」事件の被害者は、自由社であり、われわれ執筆者であり、それを支える「つくる会」である。さらにその背後にいる国民であり、なかんずく次の世代の子供たちである。しかし、向こう側に座っている人物の中にも、ある種の被害者がいたことになる。彼は、このような検定制度とその運用の仕方の、理に反する矛盾を一身に背負わされた犠牲者なのだ。

私は、産経新聞七月一日付の「正論」欄に「教科書調査官無謬《むびゅう》神話の愚かさ」という一文を書き、次のように述べていた。

《「一発不合格」制度はこれによって倒産させられる教科書会社にとってのみならず、「無謬神話」というフィクションに苦しめられる教科書調査官にとっても非情な制度であり、即刻廃止すべきである》

私は九月の出来事を予見していたわけではなかったが、右に書いたことはまさに当たっていた。

貧乏くじを引く？

なぜ彼が説明役になったかを考えてみる。令和元年度に教科書調査官として在籍していた人物は、次の七名である（以下、敬称略）。
▽中前吾郎《なかまえごろう》（主任・世界史）、村瀬信一、鈴木正信、小宮一夫、藤本頼人《よりひと》（以上、日本史）、橋本資久《もとひさ》、鈴木楠緒子《なおこ》（以上、世界史）

日本史四人、世界史三人の合計七人である。このうち、令和元年度の自由社の検定で、われわれの前に説明に出て来たのは、村瀬信一、橋本資久、中前吾郎、鈴木楠緒子の四人。ほとんどの項目を説明したのが村瀬で、次に世界史に関する事項を説明したのが橋本だった。中前と鈴木は一言もしゃべらなかった。

検定にあたっては、教科書ごとに、主査、副査が決められる。全員の連帯責任だと言っても、この主査と副査が実質上担当することになると思われる。令和元年度の自由社の検定担当者は、主査が村瀬、副査が橋本だったはずだ。中前は主任という立場で、すべての教科書会社の対応に出ていると推定される。激務である。それだけに、主任は給料が他の調査官より高いとされている。

ついでに書いておくと、元教科書調査官が書いた本（佐藤高明『教科書検定の現場から』一九八七年、早稲田出版）によれば、主任は連絡調整役のような立場で、給料が高いからみんな主任になりたがるそうだ。また、主任には他の調査官に対する業務命令を出せるような権限があるわけではないようだ。もっとも、この本は国語担当の教科書調査官が書いたものであり、時期も三十年以上前であるから、教科による慣習の違いや時期の違いなどによって大幅に変わることもあるはずで、現在の状況にどの程度当てはまるかは正確にはわからない。

では、令和元年度検定の説明会で一言も話さなかった鈴木（楠緒子）はなぜ出席していたかというと、陪席《ばいせき》という立場であったようだ。陪席裁判官の陪席である。その職務は、正確にはわからない。

再申請検定の検定意見説明の場で泣き出した調査官は、この四人の中にはいない。村瀬信一は令和元年度をもって退官したので、再申請検定時には職になかった。中学校の歴史教科書は日本史が主要な内容をなすので、世界史の担当者が主査になるわけにはいかない。

ということで、泣いた教科書調査官は、本来は担当ではなかった自由社の再申請検定の主査にされ、自分が主導的に付けたわけではない検定意見の説明役を、自由社の執筆者を相手にやらされる羽目《はめ》になった、というのが真相に近いであろう。貧乏くじを引いたのである。

妥協点をさぐる会話

この人物の名誉のためにも言っておくのだが、検定意見に対する最後の詰めの段階で、代表執筆者である私は、何度も彼と電話で話す機会があった。基本的にこちらは指導を受ける立場だが、こちらにも、どうしても譲れない部分がある。そこで、状況を打開するためにお互いに知恵を出し合う。別の観点から問題を考えてみる。こうして、ギリギリのところで結着が図られる。

一例をあげる。

日中戦争の記述では、自由社は通州事件を初めとして中国側の挑発行為があったことを書いた。それは事実だから、教科書調査官といえども否定できない。だが、日本側にも戦争に至る原因があったことを書けという。確かに両サイドの事情に触れなければならないというのは一般論としてはそうであろう。しかし、日本が中国に対する侵略の意図を持っていたという事実はない。日本は戦争に引きずり込まれたのである。嘘を書くことは出来ない。

調査官といろいろ電話で議論しているうちに、何がキッカケだったかは忘れたが、彼の言った言葉がヒントとなって、ある書き方を思いついた。日本政府の方針が定まらずに一貫した対処が出来なかったということを日本側に帰《き》せられる事情として書けばよいではないか。これは紛《まぎ》れもない事実だ。それはまた、近現代の日本を貫く宿痾《しゅくあ》でもある。そこで、最終案として、次の記述に辿りついた。［　］内は筆者による注記である。

【［盧溝橋《ろこうきょう》事件で］現地の日本軍にも中国軍にも戦闘拡大の意図はなく、四日後の十一日、現地停戦協定が結ばれました。しかし、中国側は日本人への襲撃［通州事件のコラムへの参照指示あり］などの挑発をやめず、日本側も主戦論と和平論の間をゆれ動くなど一貫性を欠き、紛争は収まりませんでした。】（二三二―二三三ページ、本文）

傍線を付した部分が、戦争に至る日本側の事情である。これが認められて、「文科省検定済み教科書」が誕生した。なにしろ、検定意見は行政命令だから、一箇所でも結着しなければ全てはご破算である。調査官は、右の記述について、この字数で書いたものとしてはどの概説書にも負けない立派なものであると誉めてくれた。

産経新聞社発行のオピニオン誌『正論』の四月号は、「つくる会」教科書の「一発不合格」事件をとりあげ、文科省を批判する立場から特集を組んだ。ところが、その二カ月後の六月号には、〈本誌編集部〉を執筆者名とする「つくる会」批判の文章を掲載した。おそらく萩生田《はぎうだ》文科大臣に依頼されて、編集部が文科官僚のレクチャーを受けたのだろう。検定不合格の原因が執筆者側の、一切の妥協を拒否する頑《かたく》なな態度にあったかのように事態を描き出した。

《文科省の主張を聞き入れずに「指摘はおかしい」と反発するやり方が果たして妥当だったのだろうか、とも思う。これではまず妥協点など見いだせずに終わってしまうだろう。今の検定制度では、指摘された検定意見を踏まえて、記述を修正しなければ合格はない。そのことは「つくる会」もはじめからわかっていたはずである》(『正論』二〇二〇年六月号、一九二ページ)

右に例示したように、自由社教科書の執筆者たちは、過去の検定でも、合格するために無数の妥協を重ねてきた。こういう機会を一切与えないというのが、「一発不合格」制度の意味なのである。編集部論文の筆者は、制度のイロハのイも知らずに他人に説教を垂れている。言論誌の編集者は特権的な存在で、ものを知らなくても、他者を批判して切って捨てる権利があると思っているとすれば、思い上がりも甚《はなは》だしい。

議事録もない検定審議会

さて、調査官とのやり取りのなかでは、こういう場面もあった。「創氏《そうし》改名」に関する記述をめぐって、文科省側の方針は二転、三転した。おそらく、検定審議会を通す自信がないのであろう。何度も持ち帰って、調査官の内部での調整が行われたようだ。繰り返すが、検定審議会と言っても、審議会の全体ではなく、社会科担当の第二部会の中のさらに歴史小委員会という数名の学者からなる機関である。

教科書調査官は常勤だが、歴史小委員会は外部の大学教授などが非常勤で任命される。学会のボス格に近い人物がなるから、教科書調査官の原案を否定することもできる。調査官との間には暗黙の上下関係があるといってよいだろう。

調査官の方針が何度も変わるので、何度も書き換えさせられた。最終案が決まったとき、調査官は「検定審議会を通るかどうかわからない」ともらした。私は強く言った。「あなたは、自分に当事者能力がないと言っていることになる。当事者能力のない者と延々と付き合わされるのではたまらない。この案で必ず通してもらいたい。再度の修正はお断りする」。さすがに、最終案が決まってからの追加修正はなかった。

ここでまた、検定制度をめぐるもう一つの問題が浮上する。検定審議会の問題である。教科書調査官よりも検定審議会のほうが問題だという人もいる。どちらか一方だけとは決められない。検定意見を付けるのは教科書調査官であり、そのさじ加減で九九パーセントの検定意見が決まる。しかし、他方、制度上の最終決定権は審議会にある。

だから、教科書調査官を問い詰め、答えられなくなると「検定審議会が決めたことだ」という逃げ口上《こうじょう》を言う。逆に、もし検定審議会の委員に問い詰めれば、「あれはほとんどすべて教科書調査官が決めるので、われわれはそれを了承するだけだ」と答えるだろう。こういう責任のなすりつけ合い、責任のキャッチボールをして、誰も責任を取らない。こういう仕掛けでやりたい放題をやれるのが、現行の教科書検定制度なのである。

検定審議会の場でどういう意見が出たのかは、外部からは全くうかがい知れない。審議の透明性に欠ける。驚くべきことに、検定審議会の議事録はつくられていない。他の省庁なら考えられないことだ。議事要旨と称するものはある。しかし、それは教科書調査官がつくった原案のどの項目に意見が出たかだけが記載されていて、誰が何を言ったのかは全くわからない。

議事録というものは、発言者名が特定され、発言内容の趣旨が分かるように書かれていなければならない。参議院文教科学委員会で、串田俊巳《くしだとしみ》教育課程総括官は、「自由闊達《かったつ》な議論をするために議事録はつくらない」と語ったが、とんでもない。自由闊達に特定教科書を切り捨てる謀議をされたのではたまらない。これは、あからさまな隠蔽《いんぺい》工作だ。自分の名前も明かさずに他人を切り捨てるのは、まさに闇討ちである。これから進めなければならない教科書検定制度の改革では、検定審議会の議事録の作成と公開は必須アイテムの一つである。

二　日本の教科書をダメにする「赤い官庁」文科省の闇

1　教科書調査官スパイ疑惑事件とは

令和二年七月二十一日に発売された週刊誌『アサヒ芸能』（七月三十日特大号、徳間書店発行）は、公安関係者から聞き出したという驚くべきスクープ記事を掲載した。北朝鮮の体制を批判するビラを風船で運んで撒《ま》いている脱北者団体がある。ソウルにあるその団体の事務所を韓国の情報当局が家宅捜索したところ、その団体が北の工作員から没収した暗殺用の注射針などとともに「北朝鮮スパイ」のリストがみつかった。そのリストの中に、何と日本で教科書検定を担当する文部科学省の教科書調査官の名前があったというのである。日本の公安関係者にはアメリカのＣＩＡを経由して情報が伝えられたという。記事は次のように書いている。

【衝撃の「スパイリスト」に登場するＸ氏は、筑波大学を卒業後、同大学助手を経て、韓国・霊山《ヨンサン》大学の講師に就任。この時、韓国内で活動する北朝鮮工作員に「スカウト」されたという。その後、Ｘ氏は日本に戻り、都内の大学の講師に。中国流の共産主義・毛沢東思想を称揚《しょうよう》する著作も出版している】（前出『アサヒ芸能』）

自由社の「新しい歴史教科書」を「一発不合格」にした教科書検定が行われたのは令和元年度。この年度の歴史担当の教科書調査官は七名いる。一覧表にすると【図表３】のようになる。その中に筑波大学の出身者は一人しかいないから、この人物をＸ氏とする。

Ｘ氏は二〇〇〇年に『初期毛沢東の思想　「世界苦」脱出のロマンティシズム』（近代文芸社）

という著書を上梓《じょうし》した。本の奥付の著者略歴には、「筑波大学助手を経て、現在、韓国にて霊山大学校国際学部専任講師」と書かれている。

　ところが、奇怪なことに文部科学省幹部職員名鑑（令和元年版）に掲載された経歴には、「9・3「平成九年三月」民間／24・4　初中局教科書調査官」とのみ書かれていて、平成九年（一九九七年）から平成二十四年（二〇一二年）の間の十五年間の経歴が空白になっているのである。韓国で勤務していた時期の経歴を隠そうとする作為が感じられる。

『アサヒ芸能』の記者がX氏に「北朝鮮のスパイリスト」に名前が記載されていたことなどについて訊ねたところ、「（取材は）お受けすることができません」と取材を拒否したという。潔白ならなぜ堂々と否定しないのか。非常勤講師として勤務する目白《めじろ》大学も口が固い。

　ただ、『アサヒ芸能』の記事の中で、「北朝鮮スパイ」リストの存在とその入手経路についての記述にはいくつもの疑問があり、私の所にも複数の経路から、事実とは考えられないとの情報が寄せられた。肯定的な情報は得られなかった。しかし、無視することが出来ないのは、前掲の記事に次のように書かれている部分である。

【Xは日本に帰国後別の工作員グループに所属し、

【図表3　令和元年度
歴史担当教科書調査官経歴一覧】

仮名	生年	出身	着任	分野
X氏（主任）	1962	筑波大	2012	世界史
A氏	1968	東大	2011	世界史
B氏	1972	名大	2015	世界史
C氏	1954	東大	2000	日本史
D氏	1977	早大	2015	日本史
E氏	1977	中央大	2018	日本史
F氏	1972	青学大	2018	日本史

＊文部科学省幹部職員名鑑による

活動しているとみられている。そのグループはかつてオウム事件などに関与し、日本転覆を図ったことがある。現在は沖縄の基地問題などに関わる一方、各省庁にネットワークを築くなどしている。今回の件は、文部科学省内のネットワークが動いたとみられており、Xはその実行者役だ】

ここでいう「別の工作員グループ」が何を指すかは容易に想像がつく。少なくとも公安当局は、この人物を、韓国から帰国して以来、ずっと監視してきたことは間違いないと思われる。また、一般論としていえば、「スパイ防止法」すらない日本が、世界でも例がないほどのスパイ天国であり、官僚機構の中にもスパイ網が築かれているだろうことは、以前から聞かされてきたことである。

私は記事の信憑性《しんぴょうせい》を確かめるべく、『アサヒ芸能』の責任者にも二度にわたって面会したが、記事には自信満々という様子であった。その後、同誌が再びこの問題を取り上げているところからも、自信のほどが窺《うかが》える。ただし、直接記事を書いたライターには、未だに面会することができない。取材源から固く口止めされているのである。

文科省「不正検定」を正す会（加瀬英明代表）は、七月二十六日、文科省で記者意見を開き、スパイ疑惑の真偽を文科大臣に問いただした。この時の萩生田《はぎうだ》文科大臣の行動は素早かった。わずか数日後の閣議後の記者会見で、自身の副官房長官時代の人脈と経験を活かして調べた結果、そうした事実は確認できないとの結論だったと報告した。

この事件は産経新聞も「正論」欄で取り上げ、ネットでもyoutubeなどで、大きな話題になりかけたが、これを抑制する何らかの力が働いて、その後はピタリと話題にすらならなくなっている。ことがらの性格からして、われわれ一般の国民には直接真相を確かめる手段はないから、ジャーナリズムが関心を失えば、スパイ疑惑自体は疑惑のままで終わる可能性もある。

しかし、この調査官が毛沢東思想の研究者であり、毛沢東思想の崇拝者でもあるらしいことは、隠しようもない事実である。令和元年十一月五日、「一発不合格」の検定結果を受け取ってから、私は説明に現れた教科書調査官の著作を入手した。その中に、『初期毛沢東の思想「世界苦」脱出のロマンティシズム』もあり、定価二千円でアマゾンで購入した。同書は、その後ほどなく絶版となり、古本市場では一万円以上の値段がついている。

誰が考えても、日本の子供の教科書を検定する教科書調査官に、毛沢東思想の崇拝者がなっていいわけはない。この常識が通じないとしたら、日本の教育行政は極めて危ないところに立っている。日本学術会議は、医学界の学閥《がくばつ》支配を告発した山崎豊子《やまさきとよこ》の小説「白い巨塔」のもじりで「赤い巨塔」と呼ばれたが、それにならえば、文科省は「赤い官庁」である。問題とされている教科書調査官は、民主党政権下で人事が進められ採用されたが、官僚機構は安倍政権になっても引き継がれた、それればかりでなく、「面従腹背《めんじゅうふくはい》」を座右《ざゆう》の銘《めい》とし、「アベ・スガ政権は自分を事務次官に任命したことを後悔しているだろう」と嘯《うそぶ》いてはばからない前川喜平《きへい》氏が、教科書行政に影響力を持ってきたのである。

2　前川喜平氏は「教育の中立性」を侵すな

元文部科学省事務次官の前川喜平氏は二〇一八年二月十六日、名古屋市立八王子中学校に講

師として招かれ、全校生徒を対象に「総合的な学習の時間」の授業を行った。テーマは、前川氏の生き方を学ぶというものであった。これについて文科省は三月一日、十五項目、三月六日、さらに十一項目の質問を名古屋市教育委員会にメールで送り、前川氏を呼んだ授業の狙いなどを問い合わせた。

文科省調査には合理的根拠がある

この文科省調査について、前川氏を擁護して、「教育の中立性を侵《おか》すもの」であるとの批判が一部でなされた。また、前川氏自身も、教育基本法が禁じる「不当な支配」にあたる可能性が高いと発言している。

さらに、文科省調査の背景には自民党議員の照会があったといわれ、与野党で議論となった。合計二十六項目の質問は、文科省前事務次官の行動への疑問を列挙したものであるが、一般人にはあまりに執拗《しつよう》で細部にわたるという印象があるだろう。

しかし、文科省の調査自体を違法であるかのように批判する議論には根本的な問題がある。文科省への批判が「教育の中立性」や「不当な支配」の意味を正しく理解した上でのものとは到底考えられないからである。

「教育の政治的中立性」について、教育基本法第十四条第二項は「法律に定める学校は、特定の政党を支持し、又はこれに反対するための政治教育その他政治的活動をしてはならない」と定めている。

この規定に照らせば、前川氏の授業について、文科省が調査を行うことは十分な合理的根拠があるといえる。なぜなら、前川氏は二〇一七年一月、国家公務員の天下り問題の責任をとり退官した直後から、安倍政権と自民党に反対する立場を公言し、メディアにも登場して公然とした批判を展開しているからである。

もちろん、退官後、役人の守秘義務に抵触しない範囲で、どのような講演をしようと本人の自由だ。問題はそのような政治的言動の故に社会的注目を浴びている人物が、学校で授業を行うことの是非にある。

「特定政党反対」の授業は違法

前川氏の言動から見ても、「特定の政党に反対する」話が授業で行われない保証はない。現に右の授業のあとの三月十八日、同じ名古屋市のある私立高校で行われた講演では、参加者が「半分以上がモリカケ問題と安倍内閣の批判」だったと証言している。前川氏が学校の生徒に授業をすることへの懸念を、当該校の校長のみならず、名古屋市教委すらも全く感じなかったとしたら、あまりに不見識である。

さらに言えば、授業の内容自体に格別の問題はなくても、特定政党への批判で脚光を浴びている人物が学校で授業を行うこと自体、そもそも問題である。だから、今回のことを文科省が調査しないで放置したら、そのことの方が行政当局として怠慢だと指弾《しだん》されるだろう。今後、安倍政権批判の急先鋒《きゅうせんぽう》、「反自民の歩く広告塔」として、前川氏の活動が展開されるかもしれない。「教育の中立性」を侵したのは、文科省ではなく前川氏の方である。

誤った日教組流解釈で世間を騙すな

旧教育基本法第十条の冒頭は「教育は、不当な支配に服することなく」と書き出されていた。教育基本法は二〇〇六年に改正されたが、旧法第十条では、右の引用に続けて「国民全体に対し直接に責任を負って行われるべきものである」となっていた。この「不当な支配」が何を意味するかについて、長い抗争の歴史がある。

日教組の解釈では、「不当な支配」の主体はもっぱら国家や行政機構であるとされた。その解釈をもとに、日教組は文部省（当時）が学習指導要領をつくることまでが「教基法十条違反」であると主張して、激しいストライキや法廷闘争を展開してきたのである。

しかし、日教組解釈は誤りである。「不当な支配」の反対概念は「正当な支配」だ。「正当な支配」とは、選挙で選ばれた議員によって構成される立法府が法律をつくり、それを行政府が具体化して実施することを指す。これに対し「不当な支配」とは、そうした法的手続きを経ずに、特定の政治団体、宗教団体などが学校に特定の教育方針を強要するようなことを指す。

さらに、二〇〇六年の改正では、「教育は、不当な支配に服することなく」の続きが、「この法律及び他の法律の定めるところにより行われるべきものであり」と変更された（第十六条）。法治主義をうたったこの文言《もんごん》は、私の右の説明と同じことを条文化している。改正は、日教組解釈の余地をなくすために行われたのである。

前川氏の文科省在職中にこの改正はなされたのだから、改正の趣旨は理解しているはずである。氏はこの改正に内心反対で、在職中は「面従腹背」でやり過ごしたのかもしれないが、退官したからといって、無知を装って、破綻《はたん》した日教組解釈を振り回し、世間を騙《だま》すことは許されない。猛省を求めたい。

以上の文章は、二〇一八年四月十三日の産経新聞「正論」欄に掲載された拙文である（ただし、一部書き加えた）。二〇二〇年二月二十一日、「つくる会」は、自由社の『新しい歴史教科書』の一発不合格を受けて、これを「不正検定」として糾弾する記者会見を開いた。その日の夜、インターネットの朝日新聞のニュースでこれを知った前川氏は、ツイッターに「Ｇｏｏｄ　ｊｏｂ！」と書き込んだ、自分の後輩たちが「よくやった」と賞讃したのである。

前川氏の著書『面従腹背』（二〇一八年、毎日新聞出版）によれば、氏の三十八年間に及ぶ役人生活のなかで、四つの種類の仕事があったそうだ。①やりたかったことでやれたこと、②やりたかったことでやれなかったこと。③やりたくなかったことでやらざるを得なかったこと。④やりたくなかったことでやらないで済んだこと。

前川氏によれば、仕事の全体を十とすると、〈①1：②4：③4：④1〉という割合だったそうだ。前川氏にとって、「つくる会」の歴史教科書を抹殺することは、①のやりたかったことでやれたことに入るのだろう。だからこそ、後輩文科官僚たちに「よくやった」といちはやく賞讃の辞を送ったのである。次のページには、前川氏を含む、教科書行政に携《たずさ》わった文科省の官僚の名簿を掲載する。すべて、公開情報に基づいて作成したものである。

凡例：(　　)内は就任月。但し年度区切りであることに注意。

2016(平成28)	2017(平成29)	2018(平成30)	2019(平成31/令和1)	2020(令和2)	2021(令和3)
安倍晋三	安倍晋三	安倍晋三	安倍晋三	菅義偉(9)	菅義偉
松野博一(8)	林芳正(8)	柴山昌彦(10)	萩生田光一(9)	萩生田光一	萩生田光一
義家弘介 水落敏栄(8)	丹羽秀樹(8) 水落敏栄	永岡桂子(10) 浮島智子(10)	亀岡偉民(9) 上野通子(9)	高橋ひな子(9) 田野瀬太道(9) 丹羽秀樹(2)	高橋ひな子 丹羽秀樹
樋口尚也(8) 田野瀬太道(8)	宮川典子(8) 新妻秀規(8)	中村裕之(10) 白須賀貴樹(10)	佐々木さやか(9) 青山周平(9)	鰐淵洋子(9) 三谷英弘(9)	鰐淵洋子 三谷英弘
前川(6)戸谷(1)	戸谷一夫	藤原誠(10)	藤原誠	藤原誠	藤原誠
小松親次郎(6)	小松親次郎	芦立訓(10)	芦立訓	丸山洋司(7)	丸山洋司
藤原誠(6)	高橋道和(7)	小松親次郎(9) 永山賀久(10)	丸山洋司(7)	瀧本寛(7)	瀧本寛
浅田和伸	白間竜一郎	丸山洋司	矢野和彦 蝦名喜久(8)	蝦名喜久	蝦名喜久
望月禎	梶山正司	森友浩史	中野理美	神山弘	神山弘
(不明)	黒沢文貴	黒沢文貴	黒沢文貴	(不明)	(未公表)
○村瀬信一(日・生)	○村瀬信一(日・生)	村瀬信一(日)	村瀬信一(日)■	■黒澤良(日)	黒澤良(日)
照沼康孝(日)	照沼康孝(日)■	■藤本頼人(日)	藤本頼人(日)	藤本頼人(日)	藤本頼人(日)
高橋秀樹(日)	高橋秀樹(日)■	■小宮一夫(日)	小宮一夫(日)	小宮一夫(日)	小宮一夫(日)
鈴木正信(日)	鈴木正信(日)	鈴木正信(日)	鈴木正信(日)	鈴木正信(日)■	■永田一(日)
中前吾郎(世)	中前吾郎(世)	○中前吾郎(世)	○中前吾郎(世)	○中前吾郎(世)	○中前吾郎(世)
橋本資久(世)	橋本資久(世)	橋本資久(世)	橋本資久(世)	橋本資久(世)	橋本資久(世)
鈴木楠緒子(世)	鈴木楠緒子(世)	鈴木楠緒子(世)	鈴木楠緒子(世)	鈴木楠緒子(世)	鈴木楠緒子(世)
○矢吹久(政)	○矢吹久(政)	○矢吹久(政)	○矢吹久(政)	○矢吹久(政)	○矢吹久(政)
遠藤貴子(政)	遠藤貴子(政)	遠藤貴子(政)	遠藤貴子(政)	遠藤貴子(政)	遠藤貴子(政)
○青山孝(政)	○青山孝(政)	青山孝(政)	青山孝(政)■	■高見純(経)■	■山口直樹(経)
三島憲之(経)	三島憲之(経)	三島憲之(経)	三島憲之(経)	三島憲之(経)	三島憲之(経)
森上優子(倫・生)	森上優子(倫・生)	森上優子(倫・生)	森上優子(倫・生)	森上優子(倫・生)	森上優子(倫・生)
木元麻里(倫・生)	木元麻里(倫・生)	木元麻里(倫・生)	木元麻里(倫・生)	木元麻里(倫・生)	木元麻里(倫・生)

一発不合格制度施行			自由社一発不合格	自由社再申請合格	

2011(平成23)年度-2021(令和3)年度文部科学省人事一覧表(関係分)

年度	2011(平成23)	2012(平成24)	2013(平成25)	2014(平成26)	2015(平成27)
総理大臣	野田佳彦(9)	安倍晋三(12)	安倍晋三	安倍晋三	安倍晋三
文部科学大臣	中川正春(9) 平野博文(1)	田中眞紀子(10) 下村博文(12)	下村博文	下村博文	馳　浩(10)
副大臣	森ゆうこ(9) 奥村展三(9)	高井美穂(4) 笠浩史(10) 松本大輔(10) 福井照(12) 谷川弥一(12)	櫻田義孝(9) 西川京子(9)	藤井基之(9) 丹羽秀樹(9)	義家弘介(10) 冨岡勉(10)
政務官	神本美恵子(9) 城井崇(9)	村井宗明(10) 那谷屋正義(10) 義家弘介(12) 丹羽秀樹(12)	冨岡勉(9) 上野通子(9)	赤池誠章(9) 山本ともひろ(9)	堂故茂(10) 豊田真由子(10)
事務次官	清水潔	森口泰孝(1)	山中伸一(7)	山中伸一	土屋定之(8)
文部科学審議官	金森越哉	山中伸一(1)	坂東久美子(7)	**前川喜平(7)**	**前川喜平**
初中等教育局長	山中伸一	布村幸彦(1)	**前川喜平(7)**	小松親次郎(7)	小松親次郎
大臣官房審議官 初等中等教育局担当	金森 越哉	尾崎春樹	高橋道和	藤原誠	伯井美徳
教科書課長	森晃憲	永山裕二	永山裕二	望月禎	望月禎
歴史小委員長	上山和雄	上山和雄	上山和雄	上山和雄	荒木教夫?
教科書調査官 (歴史担当) ○印は 主任調査官	村瀬信一(日)	村瀬信一(日)	○村瀬信一(日・生)	○村瀬信一(日・生)	○村瀬信一(日・生)
	○照沼康孝(日)	○照沼康孝(日)	○照沼康孝(日)	○照沼康孝(日)	○照沼康孝(日)
	高橋秀樹(日)	高橋秀樹(日)	高橋秀樹(日)	高橋秀樹(日)	高橋秀樹(日)
	三谷芳幸(日)	三谷芳幸(日)	三谷芳幸(日)	三谷芳幸(日)■	■鈴木正信(日)
	門間理良(世)■	■中前吾郎(世)	中前吾郎(世)	中前吾郎(世)	中前吾郎(世)
	■橋本資久(世)	橋本資久(世)	橋本資久(世)	橋本資久(世)	橋本資久(世)
	○室井俊通(世)	○室井俊通(世)	室井俊通(世)■		■鈴木楠緒子(世)
教科書調査官 (公民担当) ○印は 主任調査官	矢吹久(政)	矢吹久(政)	矢吹久(政)	矢吹久(政)	○矢吹久(政)
	遠藤貴子(政)	遠藤貴子(政)	遠藤貴子(政)	遠藤貴子(政)	遠藤貴子(政)
	○青山孝(経)	○青山孝(経)	○青山孝(経)	○青山孝(経)	○青山孝(経)
	高橋裕一(経)	高橋裕一(経)	高橋裕一(経)■	■三島憲之(経)	三島憲之(経)
	■森上優子(倫)	森上優子(倫)	森上優子(倫)	森上優子(倫)	森上優子(倫・生)
	○小林保則(倫・生)	○小林保則(倫・生)■	■木元麻里(倫)	木元麻里(倫)	木元麻里(倫・生)

記事				学び舎初合格	

3　教科書検定に罰則を導入するな

検定期間中の公表

文部科学省の教科用図書検定調査審議会は、二〇二〇年十一月十日総括部会を開き、教科書検定の期間中に検定結果や検定内容を公表した教科書会社に対する罰則規定を新設し、令和三年度から実施する方針を固めた。

この背景には、新しい歴史教科書をつくる会が推進する自由社の中学校用歴史教科書が、令和元年度の文科省の検定で「一発不合格」とされた事件がある。つくる会はこの処分を不当として、二月二十一日文科省で記者会見を開き、「不正検定」の具体例を挙げて批判した。この記者会見の前に文科省は管轄下の自由社に記者会見を中止するよう圧力をかけ、事後には同社社長らを呼び出して始末書を提出させた。

文科省の圧力の根拠とされたのは、教科用図書検定規則の実施細則に、検定審査の結果が公表されるまでは外部に漏洩《ろうえい》しないよう適切な「情報管理」を求める規定であった。しかも、現行の検定規則には罰則規定がないので、文科省は「再発防止策」として罰則規定導入の方針を決めたのである。

法治国家では不可

しかし、自由社のケースを想定したこのような罰則規定の導入は極めて妥当性を欠いている。

第一に、自由社は令和元年十二月二十五日に、文科省初等中等教育局長の職印を押した正式な「通知」文書を受け取っており、そこには「検定審査不合格と決定されましたので通知します」と書かれていた。この時点で自由社に対する教科書検定は完了していると見るほかはなく、自由社が検定規則に違反し検定期間中に内容を公表したことには当たらない。

第二に、自由社に対しては明らかに異常な「不正検定」が行われたのであり、公表以前にその不当性を社会に訴える以外に対抗手段が無いという状況のもとでなされた行動なのである。形式上、違法性があるとする立場に立っても、この特殊事情を鑑《かんが》みれば十分に違法性は阻却《そきゃく》される。「再発防止策」を検討するなら、「不正検定」の「再発防止策」こそ検討すべきだ。

第三に、令和元年十二月二十五日に交付された「通知」文書の末尾には、「なお、この決定について不服があるときは、この決定があったことを知った日の翌日から起算して三カ月以内に、文部科学大臣に対して行政不服審査法に基づく審査請求をすることができます」と書かれていたが、この期間は三月末までの検定期間とピッタリ重なり、公表すれば厳罰を与えるというのだから行政不服審査法で保障された権利は「絵に描いた餅」になる。

第四に、報道によれば罰則の内容は「次回検定を含めて不合格とする」というものである。例えば令和三年度の検定中に違反を犯せば、同年度の検定が不合格になるだけでなく、四年後の次回検定を目指しても予《あらかじ》め不合格と決まっているのだから、結局、この教科書は永久追放されたのと同じことになる。これは行政罰を現在と将来の二度にわたって科すことであり、法治国家としては到底許されない制度である。

左翼に甘く保守に辛い

一九八〇年代以降の文科省の教科書行政は、左翼勢力の情報漏洩には甘い態度をとる一方、保守勢力に対しては厳しい姿勢を貫くという非対称性が顕著である。

例えば、昭和六十一（一九八六）年の高校「新編日本史」再検定事件は、検定審議会の決定の数日前に朝日新聞が報道したことに端を発していた。

また、つくる会の歴史教科書が最初に検定申請した平成十二（二〇〇〇）年には、検定中の同教科書の白表紙本《しろびょうしぼん》に書き込みや付箋《ふせん》のついたものが日本共産党国会議員の事務所に届けられていた。教科書調査官から流出したのである。翌年の一月には、朝日新聞がこのままではつくる会教科書が合格すると警鐘乱打《けいしょうらんだ》し、そのご注進が中韓の内政干渉を招いたことは記憶に新しい。

これらはいずれも教科書検定業務の内部にいる者の関与がなければ不可能なものばかりである。私はこれらのケースについて、過去に文科省（平成十二年十二月までは文部省）がどのような内部調査をし、関係者を処分したかを問い合わせたが、いまだに確たる回答がない。

また、近年の文科省による教科書行政は、「一発不合格」制度に象徴されるように、行政側に都合のいい変更が相次ぎ、官民の力関係のバランスを著《いちじる》しく欠くに至っている。今回の教科書検定制度への罰則規定の導入は、その仕上げの意味を持つことになるだろう。それは、行政改革の流れに逆行する規制の強化でもある。

こうした規制の強化によって、左翼偏向の教科書検定のあり方が温存されるばかりか、さらに、批判を許さない盤石《ばんじゃく》のものとなる道が開かれる。こうした流れを加速させている萩生田文科行政には大いなる危惧《きぐ》を抱かざるを得ない。文科省は「一発不合格」制度とともに、罰則導入の方針を撤回すべきである（罰則規定は令和三年二月十五日に施行された──著者注）。

4　「採択の特例」は絵に描いた餅

「過度な不利益」を回避

平成二十八（二〇一六）年度から導入された、教科書検定における「一発不合格」制度は、一切の交渉の余地なく、年度内に合格する道が絶たれる過酷な制度である。翌年度の採択レースに参入出来なければ、自動的に採択数はゼロとなる。教科書会社にとっては死活問題である。

文科省もその過酷さをよく心得ており、制度導入を検討した教科書検定審議会の前年七月二十三日の「報告」には、「教科書発行者の過度な不利益を回避するため」として、「翌年度に再申請を行い合格した図書については、都道府県教育委員会が調査を行い、市町村教育委員会等が必要に応じて採択替えを行うことができるようにすることが適当である」と書かれていた。

令和元年度検定で「一発不合格」を食らった自由社の中学校歴史教科書は、「翌年度に再申請を行い合格した図書」に該当する。右の引用文にある「採択替え」とは、誤解されやすいが、実際にA社をB社に「替える」ことではなく、仕切り直して検討するという意味である。その結果、引き続きA社を選んでも何ら問題はない。各種団体の「役員改選」と語感は似ている。役員が全員再任されても「改選」と言う。

一般に採択替えは四年ごとに行われる。一度採択替えで選ばれた教科書は、四年間同じものを採択し続けることが法令で義務づけられている。この縛りを一時的に解いて「採択の特例」とした。その際、自由社のみならず他社も改めて検討の対象となる。つまり、新制度では採択替えが全国一斉に行われると解釈するのが普通の人間の感覚である。自由社も一年遅れで検討対象の資格を与えられると期待する。ところが、その期待は見事に裏切られる。

調査すらしなくてもいい

新制度では、都道府県教育委員会が一年遅れで合格した教科書を調査し、調査表をつくり、採択区の教育委員会に送る。ここまでは疑問の余地がなく、何の問題もない。

調査表を受け取った採択区の教育委員会はどうするか。「採択替えを行うことができる」と書かれている。「できる」規定だから、「行ってもいいが、行わなくてもいい」という意味になる。

いい加減な話だ。採択区の教育委員会の側から見ると、文科省の決めた新制度のもとで、次の三つの選択肢があることになる。

①採択替えの事務自体をしない。

②採択替えの事務はするが、一年前に選んだ教科書を引き続き採択する。

③採択替えの事務をし、結果として自由社（あるいは第三の教科書）を採択する。

ここでの問題は、①が許されていることである。その結果、無数の不都合が起こる。

第一に、採択替えの事務自体をしなくていいのなら、好き好んで資金と労力を費やし採択替えの事務をする教育委員会が果たしてどのくらいあるだろうか。甚《はなは》だ疑問である。

第二に、この制度のもとでは、他社の教科書はすべて一度は調査の対象となって調査表がつくられるのに比し、自由社は調査すらしなくてもよいことになる。これは甚だしい不公平であり、自由社に対する差別待遇である。「採択の特例」の意味が全くないに等しい。

第三に、教科書の調査もせずに、教育委員会はどうして採択替えの事務をするかどうかを決めることができるのか。どんな判断をするにせよ、調査しなければ判断の根拠がないではないか。行政の恣意《しい》か、それとも世間の風評を根拠にするのだろうか。

今こそ公平な行政を

第四に、都道府県教委の資料をもとにすれば判断できると文科省は言うかもしれない。だが、その論理でいけば、県下の全採択区が同一の行動になるはずだが、そんなことは考えられない。

県教委の調査表は指導・助言・援助にとどまり、採択区の教育委員会は自立して決定する権能《けんのう》を有する。

第五に、自由社の立場からみると、見本本を送っても調査さえされない可能性が高いなら、何のために無駄な資金を投じ、面倒な作業をするのかということになる。かといって、見本本を送らなければ、調査しない口実にされる。ダブルバインド状態だ。これでは、「過度な不利益」の回避どころか、さらに不利益を増大させる懲罰的規定であるとさえ言わねばならない。いずれにせよ「採択の特例」は絵に描いた餅に過ぎない。

文科省は、検定期間中の情報漏洩があれば合格を取り消す旨《むね》の罰則規定を急いでつくり、年度替わりを待たずに二月十五日に前倒しして発効させ、その上で二月十七日に自由社に合格の内示を出した。こうして三月末まで公表できないよう口を封じ、搬送業者と相談することさえ禁止したので、自由社は多大な困難を経験した。

とはいえ、各地の教育委員会が採択替えの事務をすることを妨げられてはいない。全国の教育委員会に訴えたい。行政の公平性の観点から、自由社の歴史教科書を調査していただきたい。正義を貫く教育委員会が一つでも多く出現することを期待する。

三　「従軍慰安婦」を教科書に載せるな

四半世紀の刻《とき》を経て

二〇二〇年十一月十八日、最高裁判所は元朝日新聞記者・植村隆氏がジャーナリスト櫻井よしこ氏の、植村氏の記事に対する「捏造《ねつぞう》」などの指摘が名誉毀損《きそん》に当たるとの訴えを棄却した。これによって「従軍慰安婦」が虚構であったことがいよいよ明白になった。

私が保守系オピニオン誌に初めて「従軍慰安婦」について書いたのは、『諸君！』の一九九六年（平成八年）十月号であった。タイトルは「『従軍慰安婦』を中学生に教えるな」。

この年の六月に文部省（当時）による中学校教科書の検定結果の発表があり、そこで初めて全社の中学歴史教科書に「従軍慰安婦」が記述されたことが分かった。

当時、すでに嘘であることが分かっていたにもかかわらず、慰安婦の「強制連行」（奴隷狩り）説を真実であることを前提としたこの問題が、歴史教科書に載るなどということは、絶対に許せなかった。

「従軍慰安婦」の教科書記述に対する国民的憤激を背景に、「自虐史観」の克服と自国の歴史を取り戻すことを目指す歴史教科書改善運動の火の手があがった。同年十二月二日、「新しい歴史教科書をつくる会」の創立を呼びかける記者会見が行われた。

呼びかけ人グループは早速、翌年一九九七年の一月二十一日、小杉隆《たかし》文部大臣に教科書から「従軍慰安婦」の記述を削除するよう求める要請を行った。つくる会は一月三十日、正式に発足した。

つくる会の会報『史』二〇〇八年（平成二十年）一月号の巻頭「視点」欄に、つくる会事務局長・鈴木尚之《なおゆき》氏の一文が掲載されている。タイトルは「もし『つくる会』なかりせば」で、鈴木氏は次のように書いている。

《私は今「もし『つくる会』なかりせば、わが国は一体どのようになっていただろうか？」と考えている。中学校の歴史教科書に一斉に「従軍慰安婦」なる表現が現れたのが平成八年だから、それから十年間、この言葉が中学生のみならず大人の世界でも頭にたたき込まれ続け、おそらく癒しがたい傷となって日本社会に重大な悪影響を及ぼしたに違いない。もし「つくる会」がなかったとしたら、「従軍慰安婦」なる珍妙で虚偽に満ちた表現はまだまだ大手《おおで》を振って跋扈《ばっこ》する事態になっていただろう》

まったくその通りである。つくる会の歴史教科書は二度の採択戦を通して、一％の壁を破れなかった。しかし、つくる会の存在は他社の教科書の内容を変え、「従軍慰安婦」を中学校の歴史教科書から消滅させる巨大な「つくる会効果」をもたらしたのだ。ただ、これを書いた鈴木氏はその後病に倒れ、二〇一一年五月、帰らぬ人となった。右の発言は氏の遺言《ゆいごん》となった。

二〇一〇年代に入ると左翼・リベラル勢力からの巻き返しの動きが起こってきた。左翼教師たちが結集し「学び舎」という独自の教科書会社を設立したのだ。教科書をつくり、二〇一四年度（平成二十六年度）の教科書検定に申請した。いわば、つくる会の逆バージョンである。この年度の教科書検定では、新規参入の「学び舎」を合格させることが左翼勢力の目標だった。そして、それは実現することになった。

次の二〇一九年度（令和元年度）の教科書検定では、自由社の歴史教科書が不当な手段で「一発不合格」にされるという異常な出来事があった。同時にもう一つ、重大なことが起こった。

高校日本史の教科書で圧倒的なシェアを占めているのは、山川出版社の教科書『詳説日本史』である。受験生の圧倒的多数が山川の教科書を使い、山川の教科書でなければ難関大学には入れないという神話すらでき上がっている。その山川出版社が中学校の歴史教科書に新規参入してきた。しかも、その山川の教科書が「従軍慰安婦」という言葉を中学校の歴史教科書で復活させたのである。

検定に合格した山川出版社の教科書『中学歴史　日本と世界』の「戦時下の国民生活」の単元には、「戦時体制下の植民地・占領地」の小見出しのもと、次の記述がある（二百四十七ページ）。

「多くの朝鮮人や中国人が日本に徴用され、鉱山や工場などで過酷な条件の下での労働を強《し》いられた。①」

そして、①の注として右ページの右サイドに次の補足説明が掲載されている。

「①戦地に設けられた『慰安施設』には、朝鮮・中国・フィリピンなどから女性が集められた（いわゆる従軍慰安婦）」

なぜ、「従軍慰安婦」という言葉が新規参入の山川で復活したのか。一つの理由は、教育委員会が選ぶ中学校教科書と異なり、担当教師が実質的に選ぶ高校教科書では、日本史などに「従軍慰安婦」の言葉が残っていたことである。山川はその延長上でこれを中学校の教科書に持ち込んだのだ。高校における山川の圧倒的なシェアと権威をもってすれば、検定でこれを削除させることはできないと計算したのかもしれない。

しかし、他分野でどんなに大きなシェアを持っている教科書会社でも、新しい分野に新規参入して一定のシェアをとることは至難の業《わざ》である。既存勢力の強い縄張りがあるからだ。事実、山川出版社は、令和二年度の採択戦で獲得した中学校歴史教科書の採択率は一・七％、冊数にして二万弱を獲得したに過ぎない（日本教育新聞・二〇二〇年十二月七日付）。

一般に教科書会社の採算分岐点はシェア五％とされているから、事業的には採算が合わない。そんなことは初めから分かり切っていたことだから、山川の中学校新規参入の背景には、一企業の経営戦略では説明できない、左翼・リベラル勢力の狙いが隠されていたに違いない。

検定基準への違反

しかし、「従軍慰安婦」を教科書に記述することは、すでに、制度的な正当性が失われている。現行の「義務教育諸学校教科用図書検定基準」（平成二十九年八月十日文科省告示）には「社会科（地図を除く）」の検定基準の一つを次のように規定している。

「閣議決定その他の方法により示された政府の統一的な見解又は最高裁判所の判例が存在する場合には、それらに基づいた記述がなされていること」

山川出版社の中学校歴史教科書における「従軍慰安婦」の記述はこの規定に明白に違反している。

第一に、山川の記述は閣議決定に示された政府の統一的見解に反している。第一次安倍政権の時期であった平成十九年（二〇〇七年）三月十六日、安倍晋三・内閣総理大臣は、辻元清美・衆議院議員が提出した質問主意書に対する答弁書の中で、次のように回答している。

「同日（一九九三年八月四日――引用者注）の調査結果の発表までに政府が発見した資料の中には、軍や官憲によるいわゆる強制連行を直接示すような記述も見当たらなかったところである」

「従軍慰安婦」は強制連行とセットになって使われてきた言葉であり、強制連行を証拠立てる文書が存在しない以上、「従軍慰安婦」を教科書に書くのは間違いである。

第二に、国会での内閣総理大臣の答弁により示された政府の統一的見解にも反している。

二〇一六年一月十八日、参議院予算委員会で中山恭子議員の質問に答えて安倍総理大臣は、「海外のプレスを含め、正しくない事実による誹謗《ひぼう》中傷があるのは事実でございます。性奴隷あるいは（慰安婦の数が）二十万人といった事実はない」と答えている。

第三に、外務省が日本政府を代表してジュネーブの国連女子差別撤廃委員会で行った、日本政府への質問に対する回答にも反している。外務省の杉山晋輔外務審議官は、二〇一六年二月十六日、次のように述べた。

「政府は歴史問題が政治外交問題化された一九九〇年以降、強制連行の有無について調査を行ったが、これを確認できるものはなかった。（中略）二十万人という数字に裏付けはない。二十万人という数字の元は、朝日新聞が女子挺身隊と慰安婦を混同したことによる。女子挺身隊とは、労働提供であり性の相手ではない。また、性奴隷という表現は事実に反する」

このように、閣議決定した答弁書でも、国会における総理大臣答弁でも、日本を代表して国際機関で表明された日本政府の公式見解でも、「従軍慰安婦」に関して問題となっている、「強制連行」「二十万人」「性奴隷」の三つの論点すべてについて、明確に、疑問の余地なく否定している。このように複数の場で繰り返し行われた日本政府の統一的見解に山川の記述が反することは疑いがない。

文科相は「訂正申請」の勧告を

第四に、二〇二〇年十一月十八日、最高裁判所が行った「従軍慰安婦」にかかわる係争事件の判決に示された見解にも反している。

朝日新聞記者・植村隆氏は、一九九一年八月十一日付の同紙大阪本社版に、次のような書き出しの記事を書いた。

「日中戦争や第二次世界大戦の際、『女子挺身隊』の名で戦場に連行され、日本軍人相手に売春行為を強いられた『朝鮮人従軍慰安婦』のうち、一人がソウル市内に生存していることがわかり、『韓国挺身隊問題対策協議会』（尹貞玉《ユンジョンオク》・共同代表、十六団体約三十万人）が聞き取り作業を始めた」

この記事についてジャーナリストの櫻井よしこ氏は、「捏造」「意図的な虚偽報道」などと論評した論文を三つの雑誌に掲載した。植村氏は、櫻井氏と出版社を裁判に訴えたが、札幌地裁の一審判決では「櫻井氏が、記事の公正さに疑問を持ち、植村氏があえて事実と異なる記事を執筆したと信じたのには相当な理由がある」として請求を棄却した。札幌高裁における控訴審でも植村氏の訴えは棄却され、最高裁の上告審でも棄却されて一、二審の判決が確定した。

つまり、最高裁判所は「従軍慰安婦が強制連行されたという記事は、事実と異なる記事であると信じるに相当」であると認定したのであり、従って、山川の「従軍慰安婦」記述は、最高裁判所の判例と矛盾する結果となるのである。

教科用図書検定規則には、「検定済図書の訂正」に関する規定がある。同規則第十四条第一項には、次のように書かれている。

「検定を経た図書について、誤記、誤植、脱字若《も》しくは誤った事実の記載又は客観的事情の変更に伴い明白に誤りとなった事実の記載若しくは学習する上に支障を生ずるおそれのある記載があることを発見したときは、発行者は、文部科学大臣の承認を受け、必要な訂正を行わなければならない」

山川出版社の「従軍慰安婦」の記述は、政府の統一的な見解に反する「誤った事実の記載」に当たり、「学習する上に支障を生ずるおそれのある記載」である。また、最高裁判所の判例が出た後は、「客観的事情の変更に伴い明白に誤りとなった事実の記載」にも相当する。

第十四条第四項には、「文部科学大臣は、検定を経た図書について、第一項および第二項に規定する記載があると認めるときは、発行者に対し、その訂正の申請を勧告することができる」と定めている。文科大臣の「訂正申請勧告権」である。

慰安婦の真実国民運動と新しい歴史教科書をつくる会は、右の文科大臣の権限を活用して、萩生田《はぎうだ》光一・文科大臣に対し、山川出版社に「従軍慰安婦」に関する記述を削除するよう訂正勧告を行うことを要請する申し入れを三回にわたって行ってきた。しかし、三回とも、文科省はゼロ回答を出し続けた。

「従軍慰安婦」「強制連行」は不可とする閣議決定

しかし、四月二十七日の閣議で、「従軍慰安婦」「強制連行」という語は適切ではないという政府見解が示された。「つくる会」は二十八日、次の声明を出した。全文を引用する。

《菅内閣は四月二十七日、日本維新の会の馬場伸幸《ばばのぶゆき》衆議院議員から出された質問主意書に対し、「『従軍慰安婦』という用語を用いることは誤解を招く恐れがある」とし、「従軍慰安婦」の文言《もんごん》を不適切とする答弁書を閣議決定しました。また、先の大戦中に、国民徴用令による朝鮮から日本本土への労務動員を「強制連行」と表現することについても、同様に不適当としました。

今回の菅内閣の閣議決定は、長年にわたって続いてきた「従軍慰安婦問題」の局面を大きく変える転機となり得るものです。この問題に一貫して取り組んできた当会としては、この度の決定を心より歓迎し強く支持いたします。また、長年にわたってこの問題に関心を寄せ、当会の活動を支持していただいた多くの国民の皆様、国会質問や閣議決定に至る経過の中でご尽力いただいた与野党の国会議員の皆様に心より感謝いたします。

この閣議決定は、「従軍慰安婦問題」の解決に向けて大きな一歩を踏み出したものですが、今後直《ただ》ちに取り組まなければならない課題が三つあります。

第一に、文科大臣は、中学校歴史教科書に「従軍慰安婦」を記述した山川出版社に対し、訂正勧告を出し、供給先の学校に対し、ページの差し替え等の措置を取るよう行政指導をするべきです。また、採択が進行中の高校「歴史総合」の教科書に対しても、文科大臣が訂正勧告をすることを求めます。

第二に、今回の閣議決定の論理からは、教科書に「従軍慰安婦」を書くことはダメだが、「慰安婦」ならよいという議論になりかねません。一般の歴史研究の対象として「慰安婦」を取り上げる場合とは異なり、学校で使う教科書に「慰安婦」を取り上げること自体が、教育上意味がないだけでなく有害です。このことを広く明らかにし、「慰安婦」の記述そのものを中学、高校の教科書から一掃する課題があります。

第三に、この問題の根源となり、著《いちじる》しく国益を損ねた河野談話を撤回することが最終的な解決となります。

これら三つの課題の解決を目指して当会は、今後も各方面に働きかける活動を粘り強く続けていきます。国民の皆様のご支援を引き続きお願い申し上げます》

四　「つくる会」教科書は「あまりにも間違いが多い」のか？

——文科官僚がばらまくデマに反撃する

「つくる会」歴史教科書の「一発不合格」問題

「新しい歴史教科書をつくる会」が推進する自由社の『新しい歴史教科書』は、文科省による教科書検定で「一発不合格」制度を初めて適用され、抹殺された。この検定結果について、「つくる会」は次のように主張してきた。

文科省の教科書検定は、初めから自由社を「一発不合格」にすることを決めて、そのために検定意見を積み重ねたものの、数が足りないので、こじつけや揚げ足取りによって強引に検定意見を絞り出し、水増しして「一発不合格」の基準となる総ページ数の一・二倍（即《すなわ》ち三百十四ページの自由社教科書の場合は、三百七十七箇所以上）となる数にまで積み上げたものだ。その結果、欠陥箇所は四百五箇所となった。これは特定の教科書会社を不当に不利に扱った文科官僚による職権濫用《らんよう》であり、不正行為である。従って、今回自由社に対してなされた教科書検定は、全体として「不正検定」である。

「つくる会」側は、さらに百箇所に限定して、検定意見（欠陥箇所）に反論する一書をまとめ、四月二十八日、飛鳥新社から発行した。藤岡信勝／新しい歴史教科書をつくる会『教科書抹殺文科省は「つくる会」をこうして狙い撃ちした』である。

「つくる会」は二〇二〇年二月二十一日、検定の不正を訴えて事実を公表した。批判された文科官僚は、様々なデマを製造し、国会議員などに吹き込んできた。このような行動を取ったのは、指摘されたことに自らやましいところがあるからである。しかしながら、彼らのデマは問題の本質をはぐらかす軽視できない悪影響を及ぼしている。国会議員の全てがこのデマに惑わされているというわけではないが、おそらく多くの国会議員は文科官僚の言い分・言い訳をそのまま信じ込み、自由社の教科書は不合格とされても仕方のないほど間違いの多いものだったと思い込んでいるようである。最近では、保守系言論誌までもがこのデマを真に受けて、驚くべき的外れな議論を展開するという状況になっている。

そこで、以下、文科官僚が自らの保身のために製造し、ばらまいているデマに反撃するために、改めて事実関係を分析して提示し、それが人々のどのような思い見込みや先入見を利用しているかを解剖することとする。

「自由社教科書は間違いだらけ」という印象操作

「自由社教科書にはあまりにも間違いが多い」というデマは、検定意見の数を根拠にしている。令和元年度検定における、中学社会歴史的分野の教科書に対する教科書会社別の検定意見の数を一覧表にすると【図表４】のようになる（検定意見の少ない順に並べ替える）。なお、不合格教科書については「検定意見」を「欠陥箇所」と言い換えることになっているが、煩雑《はんざつ》なので、以下、「検定意見」で一貫させる。

自由社に対する検定意見の数が突出して多いことは歴然としている。自由社の教科書に付けられた検定意見四百五件は、検定意見総数七百三十三件のうちの五五パーセントにのぼる。おそらく、これだけを見れば、普通の人は「自由社はなんて間違いだらけの杜撰《ずさん》な教科書をつく

【図表4】
2019年度
教科書検定における
各社別検定意見数
（中学社会・歴史的分野）

東京書籍	21
育鵬社	23
日本文教出版	24
帝国書院	26
教育出版	38
山川出版	52
学び舎	144
自由社	405
合計	733

＊出典　産経新聞2020年3月25日付

っているんだろう。これじゃあ、落とされても仕方がない」と思うはずである。検定に関与した文科官僚も、このデータを持ち回って、大臣や与党の政治家たちに、「自由社の不合格は仕方がなかったのです」と説明して回っている。

　しかし、初めに結論を言えば、「検定意見」の数の多さは「間違い」の多さを意味しない。両者は全く別のことなのである。

「自由社教科書は間違いだらけ」という印象操作は絶大な効果を挙げている。二〇二〇年三月十日、参議院文教科学委員会で日本維新の会の松沢成文《しげふみ》議員は、自由社の「一発不合格」について、萩生田《はぎうだ》光一文部科学大臣に質問した。やりとりの中で、文科大臣は、次のように発言している。

「誤字や誤植とおっしゃいますけれども、やっぱりどこの会社も、申請段階で、もう本当に目を皿にして、そういうことのないように、子供たちが使う教科書をつくるがゆえに、誤字脱字や誤植がないように努力していることも、私は一定必要なんだと思います」

　ご覧のとおり、文科大臣は官僚から、まさに上に述べた通りの説明を受け、それを信じ込んでいるのである。ここで文科大臣が語っていることの裏側の意味は、「自由社は誤字・誤植・脱字をチェックもせず、杜撰極まりない教科書なのだ、だから一発不合格は当然なのだ」という事実認識である。

この文科大臣の事実認識は正しいか？

明白な誤りである。次のデータが一発でその誤りを実証する。

文科省の教科書検定において、個々の「検定意見」は「教科書検定基準」（正式名称は、「義務教育諸学校教科用図書検定基準」という）のどれかの項目に根拠をもつ。検定意見の表の右端には「検定基準」という欄が設けられており、2－(1)、3－(4)などと書かれている。これは、個々の検定意見の根拠となる検定基準の項目を示している。例えば、3－(2)は「図書の内容に、客観的に明白な誤記、誤植又は脱字がないこと。」となっている。もし、萩生田文科大臣の言うとおりなら、四百五箇所の検定意見について「検定基準」欄に3－(2)と書かれているものが何件あるかを調べればよい。

そういう観点から自由社に付けられた検定意見四百五件を分類すると、上の【図表5】のようになる。萩生田文科大臣の発言から窺《うかが》える「自由社は誤記・誤植だらけ」というイメージに全く反して、誤字・脱字はわずか二十九件に過ぎない。文科大臣の発言

【図表5】
405件の「検定基準」項目別統計

2-(1)学習指導要領との関係	5(1.2%)
2-(9)資料の信頼性	3(0.7%)
2-(10)著作権関係	2(0.5%)
3-(1)誤り・不正確	59(14.6%)
3-(2)誤字・脱字	29(7.2%)
3-(3)理解し難い・誤解するおそれ	292(72.1%)
3-(4)漢字等表記の適切	15(3.7%)
計	405(100%)

は事実に合致《がっち》せず、その事実認識は明白な誤りである。

その他、単純な項目を見てゆくと、漢字表記の適切十五件、誤り・不正確が五十九件で、誤り・不正確という指摘の中には、反論書で反論したものもあり、そのすべてが妥当なわけではない。重要なことは、これらの単純ミスをいくら足し合わせても「一発不合格」ラインである三百七十七箇には到底到達しないということである。「自由社は誤記・誤植の校正すらしていない杜撰な教科書である」というイメージ操作は完全なデマなのである。

「誤解するおそれ」という検定基準のデタラメさ

そこで、なぜ合計四百五件もの検定意見に膨れあがったのかといえば、偏《ひとえ》に「理解し難い・誤解するおそれ」という項目を根拠とした指摘の膨大な数によるといえる。この項目が適用された検定意見の数は、四百五件中二百九十二件に達し、実に全体の七二・一パーセントを占めているのである。

3-(3)という整理番号で呼ばれるこの項目の全文は次の通りである。

「図書の内容に、児童又は生徒がその意味を理解し難い表現や、誤解するおそれのある表現はないこと」

しかし、この条文は極めてくせもので、重大な欠陥を有している。もし、教科書調査官が自分の指摘に自信があるならば、3-(3)ではなく、3-(1)の「誤り」や「不正確」の項目を使うはずである。自信がないから、3-(3)に頼るのである。

「誤り」「不正確」ならば、客観的な基準があるから、争いの余地が少ない。これに比して、3－(3)では、「生徒」、「誤解」、「おそれ」、「表現」という四つのクッションがおかれている。この項目の含む問題点を解明してみよう。

まず、「生徒」が誤解するというが、本当に生徒が教科書調査官の指摘通りの誤解をするのかどうか、何か実証的なデータや教師による実践記録などの証拠があるのかといえば、そんなものはあるはずがない。単に教科書調査官がそう思うというに過ぎない。自分の単なる思い込みを「生徒」になすりつけ、生徒を隠れ蓑にして主張しているのである。もし、教科書執筆者の側が「誤解しない」と主張したら、どういう方法で決めるのか。「する・しない」の水掛け論になるのがオチである。そこで、教科書調査官の方は権力をもっているから強制できるという次第になっている。ことを決するのは、真理がどちらにあるかではなく、権力がどちらにあるかである。これは極めて不当なことだ。

次に、「誤解」とは、何を基準にするのかということである。これは結局、正解を教科書調査官が決めていて、それと違う読み方をされるかも知れないから欠陥だ、と言っているにすぎない。しかも、ご丁寧に「おそれ」という言葉までつけている。「誤解するおそれ」と言えば、どんな文章でも誤解するおそれはあることになろう。だから、教科書調査官はやりたい放題である。

さらに締めくくりは「表現」である。事実がどうかよりも、表現の仕方を問題にする。もうこうなったら、何でもありの世界だ。

要するに、四百五件のうちの七二パーセントを占めているのは、教科書調査官の恣意《しい》や思い込み、私見、イデオロギーまでも忍び込ませることのできる悪名高い項目を悪用して絞り出された可能性のあるものなのである。仮に、この項目による検定意見二百九十二件を四百五件から引き算すれば百十三件となり、学び舎の百四十四件を下回るのである。

「誤解するおそれ」を連発する教科書調査官

教科書調査官がいかに3－(3)を便利な道具にしているかは、教科書調査官自身の証言からも明らかだ。

元教科書調査官の新保良明《しんぼよしあき》氏（世界史）は、二〇一六年三月十九日に開かれた公開シンポジウム「高校世界史教科書の記述を考える」において次のように発言した（ネットより引用）。

《私の場合は、もうやめてしまったから言いますけれども、「誤解するおそれ」を多用しました。これなら嫌がられないからです。つまり、その執筆者の先生の言わんとすることはわかるのですけれども、でも、この書きぶりだと、生徒はこういう風に誤解するかもしれませんね、だからちょっと修正を加えていただけませんか、その趣旨がずばり伝わるように変えてくださいという修正要求のために、「誤解するおそれ」を用いました》

ここでは慇懃無礼《いんぎんぶれい》な言い方をしているが、新保氏は上の発言の直後に、

《ここで確認しておきたいのは「検定意見」とは「行政命令」であるという事実です。これはかなり厳しい処分を意味します。というのも、検定意見箇所を修正しない限り、教科書として発行することを文科省は許さないということですから。つまり、何が何でも直せという意味で、

検定意見というのは極めて重い内容を持っていると言えます》と発言している。いかに猫なで声であろうと、国家権力による強制力を伴っていることに変わりはない。しかし、それなら、何度も言うように、教科書調査官の恣意や思い込みに生殺与《せいさつよ》奪《だつ》の権力を与えることは許されない。

だから、検定意見は客観的に見て明らかな誤りを指摘することに限定されるべきもので、3－(3)のような検定基準を設けることは、必然的に思想検定（事実上の検閲《けんえつ》）をもたらす間違った制度であるということになる。

一九八六年、ほぼ検定が終了し合格の最終決定を三日後に控えていた高校日本史の教科書が、朝日新聞の報道によって「復古調の日本史教科書」との烙印《らくいん》を捺《お》され、文部省（当時）のどの規則にもない超法規的な検定を四度にもわたって受けさせられる、という出来事があった。新編日本史追加検定事件である。

しかし、当時は、検定意見の全てが強制力のあるものではなかった。「修正意見」（A意見）と「改善意見」（B意見）の区別があり、前者は従わなければ教科書の発行が出来ない強制力をもっていたが、後者は教科書会社が従っても従わなくてもよい参考意見とでも言うべき性格のものであった。

それが、現行制度では、全ての検定意見に強制力を持たせてしまった。さらに、「一発不合格」制度と組み合わされることで、今や教科書調査官がもつ実質的な権力は、検定史上空前の強大なものとなったのである。行政として公平な立場にあるべき教科書調査官に、このような権限を与えることが日本の自由主義・民主主義体制のもとで許されることだろうか。

以上のことから、「誤解するおそれ」を含む3－(3)の項目は検定基準から削除すべきである。もし、残す場合は、その項目は強制力のない、「改善意見」という位置づけにすべきである。

「つくる会」は歴史教科書の他に公民教科書の作成にも関与している。こちらのほうは、文科省の執拗《しつよう》な嫌がらせをかいくぐって、三月二十四日、検定に合格した。その後、極めて興味深い事実が判明した。公民教科書においても、「誤解するおそれ」の検定項目による意見が七〇パーセントだったのである。

この事実をどう見るか。これは決して偶然ではないと私は考える。おそらく、教科書調査官の側に、この項目に過剰に依存することにはやましいところがあり、あまりに多用すると（すでにしているが）、不自然さがバレてしまうことを恐れて、七割程度にとどめるというガイドラインを内々につくっていると推測する。

いずれにせよ、教科書検定制度の改革は教育の正常化のために急務である。

五

新たに露見した
極めつきの「不正検定」

――「他社は合格、自由社だから不合格」の
ダブルスタンダード

新たに露見した「不正検定」の動かぬ証拠

教科書展示会始まる

令和二（二〇二〇）年六月初旬から全国各地で、令和三年度から使用される中学校教科書の展示会が始まった。教育委員会の教科書採択に、地域住民の声を反映させるための制度である。日程は地方によってさまざまで、私の居住する東京都文京区では六月一日から二十七日まで、区内の施設で全社の中学校教科書が展示された。

六月一日と二日、私は文京区教育センターとよばれる建物にある教科書展示会場を訪問した。教科書展示会への一般の関心は低く、二回ともセンターの職員が二階の展示会場のカギを私のために開けてくれた。

本来、歴史教科書の棚には、私たちの『新しい歴史教科書』の見本本が並んでいるはずであった。文科省の検定で不当にも「一発不合格」とされたために、それは存在しない。

自由社の歴史教科書は、四百五件の「欠陥箇所」を指摘されて不合格となった。それが「不正検定」であったことは、もちろん、私たちの教科書に付けられた検定意見の内容のおかしさによって主張できることである。すでに私たちは、『教科書抹殺』（飛鳥新社）で百件の「不正検定」を摘発し、異議申し立てをしてきた。

さらに、他社の教科書と同じ記述が、自由社では「欠陥箇所」と指摘されているのに他社は何の検定意見も付かずに合格しているとしたら、これは言い逃れのできない不正行為である。「他社は合格、自由社だから不合格」という事例が一つでも見つかれば、それは公務員としてあってはならない不公平であり、恣意的《しいてき》な職権濫用《らんよう》に当たることは明白である。

そういう観点から、私たちはすでにいくつかの事例について、前掲書『教科書抹殺』などで報告してきた。ただ、その場合、私たちが比較の対象としたのは現行版、つまり五年前の二〇一四年度の教科書検定で通った他社の教科書であった。いままではそれしか、比較のために手にすることのできる材料はなかったからである。

しかし、教科書展示会が始まり、令和元年度に行われた検定を通った他社の歴史教科書を見る機会が訪れたことによって状況は一変した。この関係を、「一発不合格」制度の導入と学習指導要領改訂を含め、内容が判明した時点の順番に時系列で示すと、次のようになる。A～Dの記号は次のページの【図表7】に記された記号に対応する。

①二〇一四年度検定合格教科書に対する検定意見……A・D
②二〇一六年度　「一発不合格」制度導入
③二〇一七年　学習指導要領改訂
④二〇一九年度検定不合格自由社教科書への検定意見……B
⑤二〇二〇年四月　全社の検定意見を文科省がホームページに公開……D
⑥二〇二〇年六月　二〇一九年度検定合格他社教科書の展示／他社の白裏紙本を情報公開で入手

【図表7】
前著と本書の「不正検定事例」の比較対象

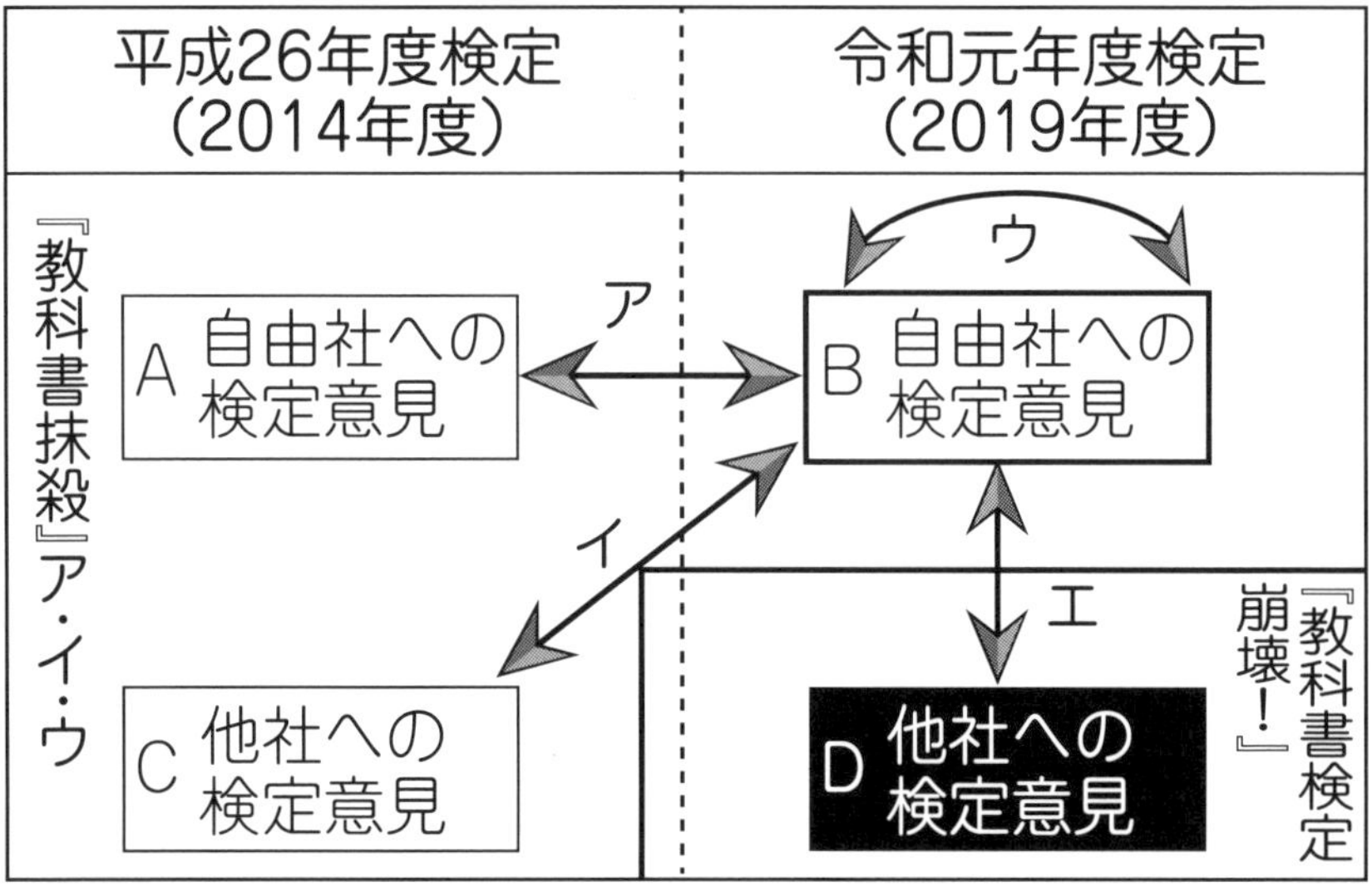

【図表7】をご覧いただきたい。いままで他社比較は、Bの自由社への検定意見をCと比較することによって行ってきた。ただこの方法では、文科省側に「③の学習指導要領改訂に基づいて検定方針が変わったから、BとCの検定意見の内容が食い違ってもおかしくはない」という（不当な）逃げ口上を使う余地が無きにしもあらずであった。

ところが、六月に教科書展示会が行われることによって、BをDと比較することができるようになった。つまり、同一年度の検定意見で、同じ内容の記述について「他社は検定意見がつかず、自由社だから検定意見をつけ欠陥箇所に指定した」という事例が一つでも見つかれば、それは「不正検定」であることが紛《まぎ》れもなく証明される。そして実際、その事例はいくつも発覚したのである。

この事例の発掘は、全国の「新しい歴史教科書をつくる会」の会員が手分けして展示会場で調査を進めた結果である。ここでは二つの事例に絞って取り上げてみる。

坂本龍馬をめぐる検定意見

第一の例。自由社は「倒幕運動と王政復古《おうせいふっこ》」の単元で、坂本龍馬《りょうま》の写真のキャプションに次のように書いた（以下、教科書からの引用は【　】で括《くく》る）。

【土佐藩を通じて徳川慶喜《よしのぶ》に大政奉還《たいせいほうかん》をはたらきかけたともいわれます】（一六二ページ）

これについて検定意見（欠陥番号252）が付き、「生徒が誤解するおそれのある表現である。（龍馬の実際の行動）」と指摘された。この指摘に対し自由社は、百七十五箇所の反論をしたなかの一つとして、次のような反論を書いた（二〇一九年十一月二十五日提出の「反論書」）。

〈山川出版社の『日本史小辞典』には、坂本龍馬は「高知藩主山内豊信《やまうちとよしげ》を動かし大政奉還を実現し」とある。さらに二〇一〇年には龍馬が大政奉還を決める幕府の会議に出席する土佐藩の重臣、後藤象二郎《しょうじろう》を激励した手紙も見つかっており（二〇一〇年六月十六日、日本経済新聞電子版）、龍馬が大政奉還を働きかけたことは自明で、生徒に何ら誤解を与えない〉（引用に当たり一部誤植等を修正）

これに対し、文科省は「一般的な記述ではなく、坂本龍馬の実際の行動を誤解するおそれがある。反論は認められない」と回答し、「否」の判定をした（十二月二十五日「反論認否書」）。

この文科省の回答文は、何度読んでも意味が通じない。どうやら「一般的な記述」としては認めざるを得ないが、「龍馬の実際の行動」について「誤解するおそれ」があると言っているようなのだが、自由社の記述は『日本史小辞典』よりも抽象的で、「龍馬の実際の行動」についての誤解を生むような具体的な事実に言及していない。だから、文科省の右の「反論」は何のことかさっぱりわからない。

と考えているうちに、ひょっとして教科書調査官は「あのこと」を言いたいのかもしれないと思い当たった。それは、龍馬の有名な「船中八策《せんちゅうはっさく》」が史料的な裏付けを欠いている、という説が最近出されていることである。そのことは編集段階ですでに意識していたので、誤解を避けるために慎重を期して、「ともいわれます」という断定を避ける表現を使ったのである。

さて、他社の教科書はこのことについてどう書いているかを調べて驚いた。なんと、検定に合格した教育出版には、次のように堂々と「船中八策」が書かれているではないか！

【翌年6月、龍馬は、長崎から京都に向かう船の中で、土佐藩の後藤象二郎に「船中八策」とよばれる新しい日本の政治構想を話したといわれています。

その内容は、①幕府が政権を朝廷に返したうえで、朝廷を中心とした統一国家をつくること、「船中八策の②～⑧の記述は省略」などであったとされています。後藤は、その後、土佐藩を通じて大政奉還を徳川慶喜に勧め、10月に大政奉還が実現しました】（一六六ページ）

自由社よりも遙かに明瞭かつ具体的に龍馬の実際の行動を書いている。もし、自由社への指摘が、生徒は「船中八策」を「龍馬の実際の行動」であると「誤解するおそれ」があるという意味を含んでいるのなら、教育出版の記述こそ真っ先に検定意見を付け、排除しなければならない記述になるはずである。ところが、これには何の検定意見も付けていないのだ。こんな馬鹿な話はない。教科書調査官の思考が正常ならば、必ず自己の見解に従って「生徒が誤解するおそれのある表現である。（龍馬の実際の行動）」という、自由社に対して与えたのと同じ検定意見を付けなければならなかったはずだ。教科書調査官の倫理観が正常ならば、一方を「欠陥箇所」としながら、他方をフリーパスで認めるダブルスタンダードを犯すなどありえない。いずれにせよ、これはいかなる言い逃れもできない「不正検定」の決定的な証拠である。

わずかな数字の差も「欠陥」

第二の例。自由社は「軍縮の時代」と題するコラムにおいて、一九三〇年のロンドン海軍軍縮会議の結論について、

【米英日の補助艦の比率が10：10：7に定められ……】（二二五ページ）

と書いた。これに検定意見（欠陥番号309）が付けられ、「不正確である。（日本の比率）」とされた。つまり、日本の比率は「7」ではなく「6・975」であったから「不正確」だと言いたいのである。自由社は、反論書で「69・75パーセントを7割と表現するのは特別なことではない」と反駁《はんばく》したが、文科省はこの反駁を受け入れず、次のように書いて「否」認定をした。

〈「69・75％」は歴史的に大きな意味があり、「7割」とするのは不正確である。反論は認められない〉

「69・75％」に意味があることは先刻承知している。「7」と「6・975」とのわずかな数字の差が統帥権干犯《とうすいけんかんぱん》論争という政争の具に使われたのは事実だ。しかし、その経過を主題化して

扱うならその数字に意味があるものの、中学校の教科書でそれを展開するつもりは教科書執筆者には毛頭なかった。取り上げるかどうかは教科書の著者の選択の自由に属することであり、取り上げることを義務づける学習指導要領上の根拠はどこにもない。

では、他社はどうなっているのか確かめた。またも驚くべきことがわかった。日本文教出版の教科書には次のように書いてあるではないか。

【ロンドン海軍軍縮条約（1930年）　補助艦（主力艦以外）の保有国の割合を米10、英10、日7と定めた】（二三一ページ）

教科書調査官は、この記述には何の検定意見も付けていないのである。これほどのダブルスタンダード、特定の教科書会社への悪意を持った差別的処遇は考えられない。これもまた、「不正検定」の動かぬ決定的な証拠である。

その後、自由社の教科書を推進する「新しい歴史教科書をつくる会」の会員チームが調べたところ、ダブルスタンダード事例は、二〇二一年三月末の段階で、実に三十一件にのぼった。その全体を一覧表にしたのが次頁の比較表である。自由社の歴史教科書をなきものにするための策謀が、組織的系統的に行われたものであったことが判明した。右の二例を含む全三十一件の内容は【資料】として、別に掲載する。横組みになるので、巻末からご覧いただきたい。

「つくる会」は、二〇二一年四月五日、文科省にこの三十一件の事例を提出し、説明を求めた。五月末になされる文科省の回答を待って国家賠償訴訟を検討することとなるであろう。

【図表8】
「不正検定」ダブルスタンダード事例31件　自由社と他社の処遇の比較表

	欠陥番号	テーマ	自由	学び	山川	教育	帝国	日文	育鵬	東書
01	223	長屋の一角	×	○						
02	185	エルサレム	×			○				
03	309	補助艦の比率	×				○	○		
04	71	ヤマト王権	×				○			
05	170	惣の掟	×					○		○
06	375	東京オリンピック	×	○				○		○
07	241	レザノフ来航	×		○				○	
08	361	日中戦争長期化の原因	×		○		○	○		
09	94	聖徳太子と厩戸皇子	×						○	
10	240	欧米諸国の日本接近	×				○	○		
11	134	警備の武士	×				○			
12	130	古代までの日本	×							○
13	33	氷河期の日本列島	×	○	○	○	○	○	○	○
14	57	水田稲作の伝来ルート	×				○			
15	92	仏教伝来の年	×		○					○
16	136	院政	×						○	
17	156	元寇防塁	×		○	○				
18	189	マゼランの出航地	×			○		×	○	
19	252	坂本龍馬と大政奉還	×			○	○	○	○	
20	249	ペリー神奈川上陸図	×	○	○				○	
21	274	日本の勢力図	×		○				○	
22	336	坂口安吾と島崎藤村	×							○
23	349	沖縄戦の死者数	×	○	○	○		○	○	○
24	360	日英同盟	×				○	○		
25	194	毛利輝元と関ヶ原の戦い	×		○					
26	244	フェートン号事件	×						○	○
27	105	大宰府と太宰府	×		○			○		
28	256	太政官	×		○	○	○	○	○	○
29	258	「蛍の光」４番	×		○					
30	67	金印	×	○		○	○	○	○	
31	1	日本の世界遺産／（山川）従軍慰安婦	×		○					

＊「×」印は検定意見が付き（自由社の場合は）欠陥箇所として処遇されたこと、「○」印は何の検定意見も付かずパス（合格）させる処遇を受けたことを示す。

31　欠陥箇所番号1　日本の世界遺産／（山川出版社）従軍慰安婦

番号	ページ	箇所	指摘事項	指摘事由	検定基準
1	表見返		「日本の世界遺産」（全体）	生徒が誤解するおそれのある表現である。（文化遺産に限定されている。）	3-(3)

自由社に対して付けられた検定意見は、要するに、世界遺産の中に文化遺産だけでなく自然遺産もあるのだから、文化遺産の事例のみを上げているのは、世界遺産についての誤解を招くという趣旨である。当方は、もともと歴史教科書で紹介する世界遺産は文化遺産なのであり、自然遺産が関係するのは理科の分野であって、これでよいと反論したが認められなかった。

ところが、山川出版社の教科書に「従軍慰安婦」の記述が復活したことが国会の議論になるなかで、同社の教科書の次の記述が問題になった。

戦地に設けられた「慰安施設」には、朝鮮・中国・フィリピンなどから女性が集められた（いわゆる従軍慰安婦）。

ここで、「多数を占める日本人が書かれていないのは、慰安婦について誤解するのではないか」との国会議員の質問に対し、文科省は、この箇所が「戦時体制下の植民地・占領地」の見出しのもとに置かれた記述であるから、日本人慰安婦の存在や数に触れなくても構わないという趣旨の答弁をしたのである（令和3年3月22日参議院文教科学委員会）。

問題の論理構造は同一である。自由社に対する検定意見が妥当であるとするなら、山川出版社に検定意見を付けないのは不当であり、ダブルスタンダードである。しかも、生徒にとって「従軍慰安婦」は教科書で初めて聞くことばだから、ほぼ確実に「従軍慰安婦は日本以外のアジアの地域から女性を集めたものである」と誤解するであろう。検定姿勢の根本にかかわる大がかりなダブルスタンダード検定の事例であるといわなければならない。

た。」(側注写真説明)

同「…紫色のひもで持ち手を結んだ「親魏倭王《しんぎわおう》」の金印が、卑弥呼《ひみこ》に授けられました。」(卑弥呼の項、本文)

3．自由社と同じ「印」のみ記述して「綬」に触れていないもの

帝国書院

28ページ「…また、1世紀半ばの歴史書(『後漢書』)には、奴国(現在の福岡市付近)の王が漢に使いを送り、皇帝から金印を与えられたと書かれています。」(本文)

同「1～2世紀ごろの日本…倭の奴国が、貢ぎ物を持ってあいさつにきた。…漢の皇帝は奴の国王に印を授けた。…(『後漢書』東夷伝より要約)」(欄外史料)

同「「漢委奴国王」と彫られた金印　江戸時代に志賀島(福岡市)で発見されました。…」(側注写真説明)

日本文教出版

31ページ「…1世紀の中ごろ、倭の奴の国王が漢の皇帝に使節を送り、金印をもらって王の地位を認められたことなどが書いてあります。」(本文)

同「「漢委奴國(国)王」という文字がほられた金印…江戸時代に志賀島(福岡市)で発見されました。」

育鵬社

35ページ「紀元後1世紀には、使いを送った倭の奴国の王が皇帝から金印をあたえられたと記されています。」(本文)

同「金印…蛇の形の印で、「漢委(倭)奴国王」と刻まれている。のちの江戸時代に発見された。…」(側注写真説明)

封をするのに使うものです。この金印は、江戸時代に志賀島《しかのしま》（福岡県）で発見されました。」（側注写真説明）
同「「後漢書」東夷伝《とういでん》　建武中元《けんぶちゅうげん》2（57）年に倭の奴国が漢に朝貢《ちょうこう》したので、光武帝は印綬（印とそれを結びとめるひも）をおくった。…」（側注）

山川出版社

32ページ「『後漢書』には、紀元57年に漢（後漢）の皇帝である光武帝が、倭の奴国王に金印を与えたことが記されている。江戸時代に博多湾の志賀島（福岡県）から見つかった「漢委奴国王」と刻まれた金印がこれに当たると考えられている。」（コラム「中国の記録に見る日本列島」本文）
同「『後漢書』東夷伝（1世紀から2世紀ごろの日本）建武中元二年、倭の奴国、貢を報じて朝貢す。－光武、報ふに印綬を以《もつ》てす。　現代語訳　倭の奴国の王が後漢に朝貢し、光武帝より、「漢委奴国王」の印綬をたまわった。」（欄外史料「中国の歴史書にみる日本列島の様子」）

2.「印綬」とは記述していないが「印など」としているもの

教育出版

25ページ「…続いて中国を支配した漢は、領土を広げて大帝国を築き、周辺の国々の王にも印などを与え、皇帝の臣下とみなしました。」（本文）
33ページ「…また『後漢書』には、1世紀の中ごろ、九州北部の支配者の一人が中国に朝貢の使者を送り、皇帝から印を与えられたとあります。」（本文）
同「「漢委奴国王」と刻まれた金印…江戸時代に志賀島（福岡市）で発見されました。」（側注写真説明）

学び舎

30ページ「…周辺の国々は使者を送り、皇帝から王の位を認めてもらい、金印などをあたえられました。」（本文）
31ページ「「漢委奴国王」の金印…江戸時代に志賀島（福岡県）で発見され

30　欠陥箇所番号67　金印

番号	ページ	箇所	指摘事項	指摘事由	検定基準
67	35	囲み	「⑥「漢委奴国王」の金印」中、「西暦57年、「倭の奴国が朝貢したので、光武帝は金印を賜った」という記事が『後漢書』にのっています。」	不正確である。（「金印を賜った」）	3-(1)

文科省が交付した「反論認否書」には〈『後漢書《ごかんじょ》』の原文に「印綬」とある。反論は認められない〉と書かれている。

文科省は『後漢書』の記載通り「印」ではなく「印綬」と書けということだが、文科省の基準に適合するのは、側注や欄外の紹介で触れている2社（東京書籍、山川出版社）だけである。

また、「印」ではなく「印など」とする2社がある。「など」に「綬」が含まれると大甘に解釈したとしても文科省の基準には達しないはずだ。しかし、検定意見はついていない。

自由社同様、「印」だけを書いているところが、帝国書院、日本文教出版、育鵬社と3社あるが、これらにも検定意見はついていない。だから、自由社に対してのみ検定意見をつけたのはダブルスタンダード検定である。

検定合格7社の記述は以下のとおりである。

1．文科省のいう「印綬」に触れているもの

東京書籍

33ページ「…また「後漢書」には、現在の福岡県にあった奴国《なこく》の王が、1世紀半ばに漢に使いを送り、皇帝から金印を授けられたと記されています。福岡県から発見された「漢委奴国王《かんのわのなのこくおう》」と刻まれた金印は、このときのものと考えられています。」（本文）

同「「漢委奴国王」と刻まれた金印…金印は、国王が皇帝にあてて送る文書に

29　欠陥箇所番号258　「蛍の光」4番

番号	ページ	箇所	指摘事項	指摘事由	検定基準
258	172	囲み	「④「蛍の光」と国境」中、「これは、国境が画定したのを受けて、千島から沖縄までが日本(やしま)だということを国民に教える意味も込められており」	生徒が誤解するおそれのある表現である。(断定的に過ぎる。)	3-(3)

この検定意見に対する反論は、『教科書抹殺』(飛鳥新社) 210ページ (事例58) にあるが、さらにダブルスタンダードでもあるということをここで付け加える。

上記図書の出版後、山川出版社の教科書に歌詞の変遷を示す記述があり、こちらは合格していることが判明した。皮肉なことに、ここに示されている歌詞の変遷こそが立派な「史料的根拠」になるのではなかろうか。

山川出版社P

「…現在では2番までの歌詞が歌われることが多いが,3番･4番の歌詞についてはあまり知られていない。下に挙げているのは4番の歌詞の冒頭の変遷である。日本の領土拡大とともに歌詞がどのように変更されているか見てみよう。

①千島の奥も 沖縄も 八洲の内の 守りなり
(小学唱歌集初編に所収された歌詞)
②千島の奥も 台湾も 八洲の内の 守りなり
(日清戦争後)
③台湾の果ても 樺太《からふと》も 八洲の内の 守りなり
(日露戦争後)　…」

育鵬社

52ページ「…天皇のもとには神々のまつりを受け持つ神祇官と、国の政治を担当する太政官が置かれました（二官）。」（本文）
53ページ「律令政治（中央）のしくみ」（側注組織図）に「太政官」に「だいじょうかん」の振り仮名あり。
178ページ「明治政府のしくみ」（側注組織図）「太政官」に「だじょうかん」の振り仮名。

山川出版社

40ページ「中央行政は,神祇官･太政官（だいじょうかん）の二官と,太政官の下で政務を分担する八省（二官八省）によって行われ…」（本文）
同「律令国家の仕組み」（側注組織図）に「太政官」に「だいじょうかん」の振り仮名。
173ページ「藩閥《はんばつ》政府（1871年ころ）」（側注組織図）「太政官」に「だじょうかん」の振り仮名。

官」に「だじょうかん」の振り仮名あり。

教育出版

43ページ「中央の朝廷には、天皇のもとで政治の方針を決める太政官（だいじょうかん）」政官や政治のさまざまな実務を分担する八省などの役所がおかれました。」（本文）

同「太政官（だいじょうかん）による役所の仕組み」（側注組織図）「太政官」に「だいじょうかん」の振り仮名。

168ページ「政府は、太政官（だじょうかん）という機関を設けて政治を運営しました。」（本文）

帝国書院

39ページ「…天皇を頂点とした太政官（だいじょうかん）が政策を決め…」（本文）

38ページ「律令国家の政治のしくみ」（側注組織図）に「太政官」に「だいじょうかん」の振り仮名あり。

170ページ「…新たな政治の方針を示すとともに,古代の政治のしくみにならって太政官制を採用しました。」（本文）

同「②明治政府の仕組み」（側注組織図）に「太政官」に「だじょうかん」の振り仮名あり。

※「P38の古代の政治のしくみと同じ部分を挙げてみよう」と生徒に提起しながら太政官の読みが異なることを取りあげていない。

日本文教出版

45ページ「天皇や太政官（だいじょうかん）の仕事」（コラムタイトル）

同「律令国家の政治」（側注組織図）「太政官」に「だいじょうかん」の振り仮名。

180ページ「新政府は古代の律令国家にならって、中央に太政官（だじょうかん）という機構を新設して権力を集中しましたが、…」（本文）

ょうかん」、近代の明治時代になって「だじょうかん」と読まれた、ということを自明のこととして振り仮名を振り、文科省も当然として検定意見を付けていないことが分かる。「(自由社は) 断定的に過ぎる」というが、全社が「断定」しているではないか。自由社を狙い撃ちしたと言われても仕方のない検定意見である。

自由社以外の他社は、読みの変遷を明示していない。従って、古代で「だいじょうかん」と教わった生徒にとって近代にはいったら「だじょうかん」になるので、とまどうはずである。「断定的に過ぎる」とレッテルを貼られた方が、検定は合格したが配慮には欠けた方よりはるかに教育的配慮を払っているといえるのではないか。

《参考》検定合格6社の記述

東京書籍

40ページ「律令国家の成立と平城京」で「律令国家では、天皇の指示で政治を行う太政官 (だいじょうかん) や、その下 (もと) で実務に当たる八省など多くの役所が設けられました。」(本文)

41ページ側注「律令による役所の仕組み」組織図中、「太政官」に「だいじょうかん」の振り仮名

48ページ　摂関《せつかん》政治の項「摂関政治は11世紀前半の藤原道長《ふじわらのみちなが》とその子頼通《よりみち》のころが最も安定し、太政官 (だいじょうかん) の役職の多くを藤原氏が独占しました。」

49ページコラム「藤原道長の直筆日記」のキャプション及び現代語訳に「太政官に「だいじょうかん」の振り仮名。

律令国家から摂関政治において「太政官」は「だいじょうかん」の振り仮名あり。明治維新の項169ページに「…同時に政府では、倒幕の中心勢力であった薩摩、長州、土佐、肥前《ひぜん》の4藩の出身者や少数の公家《くげ》が政権を握りました。…」(本文) の側注の組織図「新政府の仕組みと正院の政治家たち」の「太政

28　欠陥箇所番号256　太政官

番号	ページ	箇所	指摘事項	指摘事由	検定基準
256	166	囲み	「③太政官(新政府)を構成する要人」中、「※「太政官」の読み方 日本の律令制では「だいじょうかん」、明治維新政府は「だじようかん」と読みます」	生徒が誤解するおそれのある表現である。(断定的に過ぎる。)	3-(3)

律令官制における太政官は、神祇官《じんぎかん》と並ぶ二官の一つで、「だいじょうかん」と読まれた。明治期の太政官は、古代律令制のものと区別して、慣習的に「だじょうかん」と読まれている。教える側の教師としては、正確に伝えなくてはならない。すると、熱心な生徒は、どうして読み方が違うのか必ず不審に思う。教科書の注か、図のキャプション等に読み方の違いの説明が少しでもあれば、現場の教師としては、授業を進める際の大きな助けになる。

さらに、古代律令制の太政官と明治期の太政官との読み方の違いから、発展的な学習も期待できる。つまり、学習指導要領で強調されている主体的・対話的な学びへと発展し、思考力・判断力・表現力の育成へと繋がっていく可能性もある。

「生徒が誤解するおそれのある表現」との文科省の指摘だが、むしろ、「生徒の無用な誤解を少なくする」ために、あえて分かり易く表記している。また、混用の可能性はまったくないとは言えないが、このように概括することは生徒の知識整理に有用であり、教育的な配慮である。このような観点を無視する教科書検定は不当・不正である。

他社の記述を見よう。東京書籍、教育出版、帝国書院、日本文教出版、育鵬社、山川出版社の6社の記述はいずれも、古代律令国家時代は「だいじ

要約すると、古代の正式表記は「大宰府」だったが、奈良時代から「太宰府」という表記も現れ、中世・近世には「太宰府」の表記が多く使われてきたが、昭和30年代以降は、古代律令時代の役所とその遺跡は「大宰府」、中世以降の地名と天満宮は「太宰府」と表記する慣行が一般化した、ということである。自由社教科書の注記には何の問題もない。このような教育的配慮を無視するのは不当・不正な検定である。

さらに、これは同じことを他社が記述してもおとがめなしのダブルスタンダード検定でもある。次の一文を御覧頂きたい。

山川出版社　59ページ

「大宰府政庁跡（太宰府市)」「遠（とお）の朝廷（(みかど)」と呼ばれ、九州全体を統括するとともに国の外交や軍事の拠点である役所「大宰府」が置かれた。･･･」(写真説明)

ここで、大宰府は地方官庁、太宰府は地名と書き分けており、自由社と本質的に変わりがない。自由社が混用の例がある」から認められないとするなら、「大宰府政庁跡」も一概には言えず認められない、としなければならない。一方の側だけ「混用」を理由に重箱の隅をつつくような理由を付けて検定意見を付けるとは、自由社を不合格とするための悪意ある検定であると言わざるを得ない。

そもそも、自由社の書き方のほうがはるかに生徒の理解に役立つ。何の説明もなく、ただ並立的に「大宰府政庁跡（太宰府市)」と示された記述とどちらが教育的配慮をしているかを考えてもらいたい。次も同様である。

日本文教出版　45ページ

大宰府政庁（復元模型　福岡県　九州歴史資料館提供）　現在の福岡県太宰府市におかれていました。奈良・平安時代を通して、外国との窓口になりました。

27　欠陥箇所番号105　大宰府と太宰府

番号	ページ	箇所	指摘事項	指摘事由	検定基準
105	50	側注3	大宰府は地方官庁、太宰府は地名。	生徒が誤解するおそれのある表現である。（混用の例）	3-(3)

子供は二つの漢字を混同しやすい。漢字の使い分けがわからない。この注記は漢字の使い分けについてワンポイントで注意を与えておこうとした教育的配慮である。ところが、文科省はこれに検定意見をつけ欠陥箇所に仕立て上げる。大宰府と太宰府は過去に「混用」した例があるから、注記の一般法則は成り立たないと言いたいのである。しかし、過去に混用の例があるとしても、現在、慣行として成立しているルールを教えておくことは、知的にも実用的にも十分に意味のあることなのである。当の福岡県太宰府市のホームページには次のように書かれている。

〈古代におけるダザイフの正式な表記は、現存する古代の印影（押印された印の文字）が「大宰之印」であることから、「大宰府」であったと考えられています。

しかし、奈良時代の文書にも、すでに「太宰府」と表記されているものがあります。その後、中世からは「太宰府」と表記する文書が多くなり、近世以降はほとんど「太宰府」と表記するようになっているようです。これらの表記の使い分けについては、断定するまでは至っておらず、現在でも研究されているところです。

ただ昭和30年代末頃、九州大学の鏡山猛（かがみやまたけし）教授が地名や天満宮など以外は「大宰府」と表記するようにされたことをきっかけとして、一般には古代律令《りつりょう》時代の役所、およびその遺跡に関するダザイフは「大宰府」、中世以降の地名や天満宮については「太宰府」と表記されるようになりました。現状では、行政的な表記もこれにならい、「大宰府政庁跡」「太宰府市」というように明確に使い分けています〉

ランダ国旗を掲げてオランダ船を偽装し、長崎に入港しました。フェートン号は、出迎えたオランダの商館員をとらえ、湾内を探索し、薪水《しんすい》（薪と水）や食料を強奪しました（フェートン号事件）。

3社は基本的に同じことを書いている。この中で、自由社にのみ検定意見がついた。指摘事由の、「フェートン号事件当時のイギリスとオランダの関係」とは、両国が対立関係にあったことを書けということのようだが、「オランダ国旗を掲げてオランダ船を偽装」したのだから、対立関係にあったことは自明である。

もし、そういうことを言うのであれば、対立関係を明示的に書いていない、東京書籍と育鵬社にも「当時イギリスとオランダが対立していたことを記せ」との要求があってしかるべきであるが、何の検定意見もついていない。育鵬社・東京書籍と自由社の間で処遇に差をつけたダブルスタンダード検定である。

26　欠陥箇所番号244　フェートン号事件

番号	ページ	箇所	指摘事項	指摘事由	検定基準
244	157	14	1808(文化5)年、イギリスの軍艦フェートン号は…出迎えたオランダの商館員をとらえ、湾内を探索し、薪水(薪と水)や食料を強奪しました(フェートン号事件)。(156ページ表「②主な外国船の接近」中、フェートン号事件の「目的等」欄の「薪水強奪」も同様)	生徒が誤解するおそれのある表現である。(フェートン号事件当時のイギリスとオランダの関係)	3-(3)

フェートン号事件をやや詳しく書いている3社の記述を並べると、次のようになる。

▽東京書籍P136本文…1808年には、イギリスの軍艦が長崎の港に侵入する事件が起こりました。

・同P136地図…イギリスの軍艦フェートン号が、オランダ船をとらえるために長崎港に侵入。オランダ商館員をとらえて、まきと水、食料を要求しました。

▽育鵬社P140…1808（文化5）年、イギリスのフェートン号が長崎港に侵入し、オランダ商館員を連れ去り港内で乱暴をはたらくという事件が起こりました（フェートン号事件）。

・同P141地図…イギリスの軍艦フェートン号がオランダの船を追って侵入。オランダ商館員を捕らえ、薪や水を強要。

▽自由社P157本文…1808（文化5）年、イギリスの軍艦フェートン号は、オ

25 欠陥箇所番号194 毛利輝元

番号	ページ	箇所	指摘事項	指摘事由	検定基準
194	108	囲み	「②300年以上命脈を保った毛利氏」中、「輝元の時代には豊臣秀吉政権の重臣となり、関ケ原の戦いでは西軍の大将格として徳川家康に敗北しました」	生徒が誤解するおそれのある表現である。(輝元が関ケ原で実際に戦闘に参加したかのように誤解する。)	3-(3)

山川出版社P120には、「石田三成《みつなり》は、毛利輝元《もうりてるもと》らの大名に呼びかけ、1600（慶長5）年に家康と戦ったが敗れた（関ヶ原の戦い）」とある。この記述は間違っていないし、別に意見を付けるべきものではない。

しかし、自由社に対する調査官の指摘を読むと、山川のこの記述にも、自由社に付けられたのと同様に、「生徒が誤解するおそれのある表現である。（輝元が関ヶ原で実際に戦闘に参加したかのように誤解する。）」という検定意見が付かなければならないはずだが、実際には何の検定意見も付いていない。ダブルスタンダード検定である。

24　欠陥箇所番号360　日英同盟

番号	ページ	箇所	指摘事項	指摘事由	検定基準
360	253	右上囲み	(課題②について書いたさくらさんのノート】中、「③ワシントン会議でアメリカは日英同盟の破棄に動いた。」	不正確である。(「破棄」)	3-(1)

「検定審査不合格通知書」が交付された令和元年12月25日の説明会における教科書調査官の発言によれば、「無効になった」と書いていないから、というのが欠陥箇所とされた理由であった。

▽日本文教出版P229･･･会議では、日英同盟の廃止や、中国の主権と領土を尊重することが決められ
▽帝国書院P217･･･他方で、日本外交の中心であった日英同盟は廃棄されました。

上記の2社の教科書も、教科書調査官の求める「無効」という言葉を使っていない。それゆえ、自由社に対して「破棄は不正確である」と指摘するならば、同様に、日本文教出版に対しては「廃止は不正確である」、帝国書院に対しては「廃棄は不正確である」との検定意見を付けるべきではないか。自由社を差別したダブルスタンダード検定である。

は「12万以上」としているのに対し、学び舎は「15万人」としている。いずれかが間違っていることになるが、学び舎が間違っている。しかし、学び舎の「15万人」という数字に対して検定意見は付いていない。

もう一つは、沖縄県の人口である。東京書籍、日本文教出版、山川出版社の3社はおおよそ50万人説をとっているのに対し、教育出版と学び舎は60万人説をとっている。いずれかが間違いだということになるが、不可思議なことに、いずれにも検定意見は付いていない。東京書籍等3社か、教育出版等2社か、いずれかに検定意見を付けるべきだったといえよう。

にもかかわらず、沖縄戦をめぐる犠牲者数などの数字に関しては、正しい数字を書いた自由社の記述が欠陥箇所とされ、間違いを書いた学び舎等の記述が検定合格した。ダブルスタンダード検定である。

23　欠陥箇所番号349　沖縄戦の死者数

番号	ページ	箇所	指摘事項	指摘事由	検定基準
349	244	側注1	日本軍の死者約9万4000人を出す激戦の末	不正確である。（「日本軍の死者」）	3-(1)

「日本軍の死者約9万4000人を出す激戦」のこの数字は、資料の裏付けのある正確なものである。

沖縄戦の戦死者については沖縄県援護課が発表しているデータがある。これによると、県外出身日本兵6万5908人、沖縄県出身軍人・軍属2万8228人が犠牲となっている。

この数字の合計が9万4136人であり、「約9万4000人」と記述した自由社歴史教科書の記述内容には問題がない。沖縄戦の死者数に関する他の6社の記述は次の通りである。

▽東京書籍P238…沖縄県民の犠牲者は、当時の人口の約4分の1に当たる12万人以上になりました。
▽日本文教出版P251…県民のおよそ4分の1にあたる12万人以上の人が命を落としました。
▽教育出版P246…約60万人の県民のうち、死者が12万人に達しました。
▽育鵬社P245…県民も含めた日本側の死者は18万～19万人にのぼり、その半数以上は一般市民でした。
▽山川出版社P249上欄…死者は軍民あわせて18万人余りに上った。当時の沖縄県の人口は約50万人であった。
▽学び舎P239…沖縄県民の死者は15万人（人口約60万人）にのぼったと推定されています。

6社の記述を見ると、二つの点で互いに矛盾し合っていることが分かる。一つは沖縄県民の死者数である。東京書籍、日本文教出版、教育出版の3社

22　欠陥箇所番号336　坂口安吾「真珠」

番号	ページ	箇所	指摘事項	指摘事由	検定基準
336	239	囲み	「⑥開戦を聞いた文化人の声」中、坂口安吾の声（全体）	史料の扱いが公正でない。（引用された史料は小説である。）	2-(9)

坂口安吾《あんご》は私小説を得意とする小説家だが、「真珠」は事実をもとにした「エッセイ」と言ってよく、「日記」に近い。それゆえ、「史料が公正でない」とはいえない。

上記のように反論したところ、「認否書」で、「小説として掲載された作品であり、小説を日記やエッセイと同列に扱うことは資料の扱いとして公正でない。反論は認められない」と一蹴された。

ところが、東京書籍P241では、〈島崎藤村《とうそん》と「破戒」〉という小コラムを設け、部落差別の実態を示す史料として、小説「破戒」の粗筋《あらすじ》を紹介している。これに対しては「小説を史料として使うな」という検定意見は付いていない。同じ小説なのに、なにゆえに「破戒」は使ってもよいが「真珠」は使えないということになるのか。これは、ダブルスタンダード検定である。

自由社P239　×

坂口安吾《あんご》（作家）「必ず、空襲があると思った。敵は世界に誇る大型飛行機の生産国である。ハワイをやられて引っ込んでいる筈《はず》はない。果たして東京に帰ることができるのであろうか」

東京書籍　○

島崎藤村と「破戒」

1906年に刊行された島崎藤村《しまざきとうそん》の小説「破戒《はかい》」は，部落差別を正面から取り上げた作品です。主人公である瀬川丑松《せがわうしまつ》は，父親から「差別されないために，自分が被差別《ひさべつ》部落出身であることを他人に明かすな」という戒《いまし》めを受けます。しかし，丑松の出身についてのうわさは広がり，追いつめられ，丑松はその戒めを破ることになります。一方，もう一人の主人公である猪子蓮太郎《いのこれんたろう》は，被差別部落出身であることをかくさず生きることで，反差別の姿勢をつらぬきます。「破戒」は，この二人の主人公の生き方を通して，当時の部落差別の実態をえがいています。

❺「破戒《はかい》」の初版本（長野県小諸《こもろ》市立藤村《とうそん》記念館蔵）

❻島崎藤村《しまざきとうそん》（1872～1943）
長野県（現岐阜県）生まれ。詩集「若菜集」でロマン派の詩人として注目を集め，小説「破戒《はかい》」で自然主義の先駆《せんく》者となりました。

21　欠陥箇所番号274　日本の勢力図

番号	ページ	箇所	指摘事項	指摘事由	検定基準
274	189	図	「⑤列強による清国分割」の台湾の塗色及びキャプション中、「朝鮮、台湾と、台湾に近い福建省が日本の勢力圏でした。」	生徒が誤解するおそれのある表現である。(「勢力圏」)	3-(3)

検定意見は、塗色と「勢力圏」という用語の、二つの問題を指摘している。

まず、塗色の問題については、育鵬社P197も、台湾、韓国、福建に同じ塗色を施《ほどこ》し、日本の勢力範囲とする点で、自由社と全く同じであるにもかかわらず、育鵬社には検定意見が付いていない。ダブルスタンダード検定である。

次の「勢力圏」という用語の問題だが、山川出版社P196にも「勢力圏」という言葉が使われているのに検定意見がついていない。この1箇所にダブルスタンダード事例が2つもあることになる。

自由社P189　×

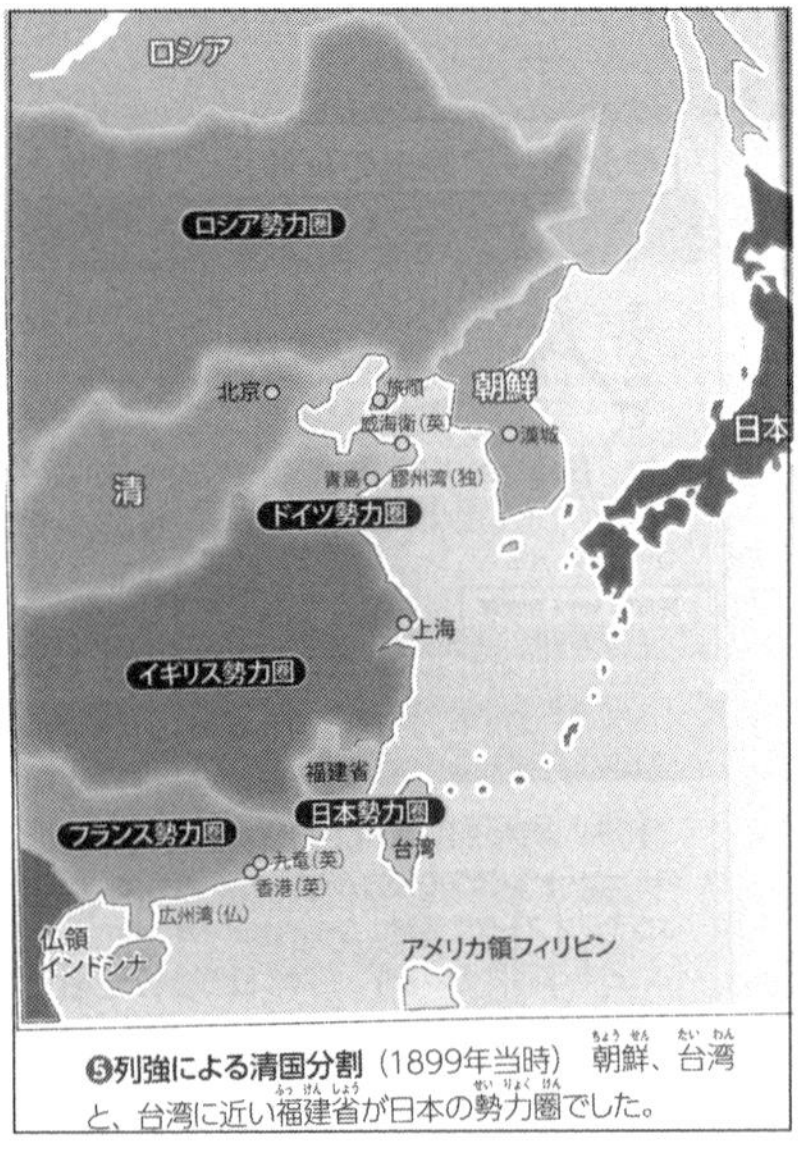

⑤列強による清国分割（1899年当時）　朝鮮《ちょうせん》、台湾《たいわん》と、台湾に近い福建省《ふっけんしょう》が日本の勢力圏《せいりょくけん》でした。

育鵬社P197　○

⑦列強《れっきょう》の中国進出

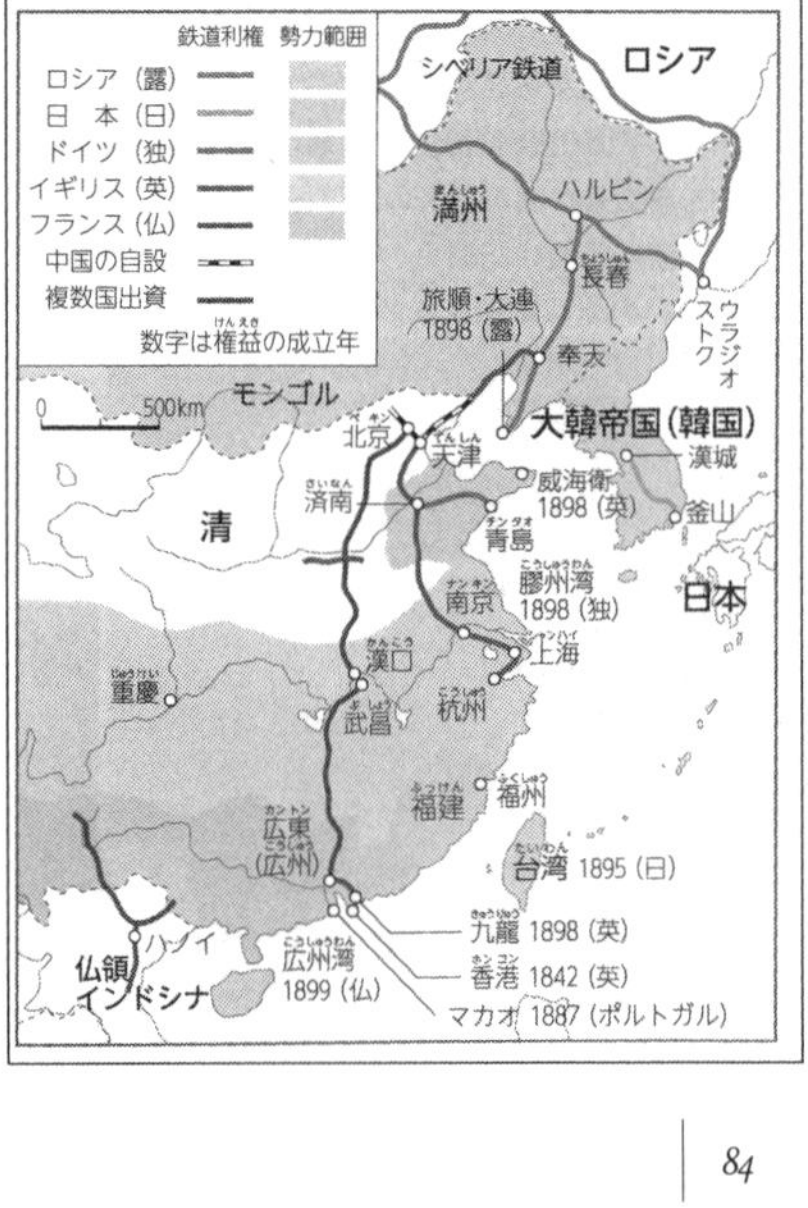

自由社　P159　×

⑤ペリー神奈川上陸図　1854年1月、2回目に来航したとき、前年を上回る7隻（のちに9隻）の艦隊をひきつれ、約500名の兵士が儀仗兵《ぎじょうへい》のいでたちで上陸し、整然とした隊列の動きはさらに日本側を威圧《いあつ》しました。（神奈川県・横浜開港資料館蔵）

育鵬社　P171　○

↑5ペリー神奈川《かながわ》上陸図　1854（嘉永《かえい》7）年2月，ペリーは前年の国書への返答を求め，7隻《せき》の軍艦《ぐんかん》を率いてふたたび来航した。500人の兵士とともに上陸し，出むかえた幕府の役人の前で整然と行進を行った。（東京《とうきょう》国立博物館蔵）

20　欠陥箇所番号249　ペリー神奈川上陸図

番号	ページ	箇所	指摘事項	指摘事由	検定基準
249	159	写真	⑤タイトル「ペリー神奈川上陸図」	不正確である。	3-(1)

絵画の正式名称は、同一絵画であるが、東京国立博物館蔵では「ペリー提督神奈川上陸図」、横浜開港資料館蔵では「ペリー提督・横浜上陸の図」となっている。指摘は絵画の正式名称を書けという要求であると考えられるが、この指摘は当を得ていない。この絵画は文化史の教材として掲載しているのではなく、ペリー上陸のことがらを伝えている絵画であるというだけの目的で掲載しているに過ぎず、ここで正式名称を生徒が覚える必要のないものである。

このような観点からこの資料を掲載しているのは、自由社以外にも3社ある。

▽育鵬社P171　ペリー神奈川上陸図（東京国立博物館蔵）……○

▽山川出版社P154　黒船来航図……○

山川出版社P166　黒船の来航　神奈川県　横浜開港資料館蔵……○

▽学び舎P151　横浜に上陸するペリー（横浜開港資料館蔵）……○

これら3社は絵画の正式名称を記していないにもかかわらず、これらに対しては何の検定意見も付けていない。育鵬社の場合にいたっては「ペリー神奈川上陸図」という、自由社と全く同一のタイトルを付けているにもかかわらず、である。ダブルスタンダード検定である。

日本文教出版P178-179　大コラム「新しい世の中をめざした人々」　○

幕府に代わる政府を考えた海援隊

（前略）海援隊は単なる商社ではありませんでした。幕藩《ばくはん》体制とは異なる国家の姿を模索し提案するなどした政治結社でもありました。そこでは憲法を定め、議会を開設するという新しい国家構想が議論されていました。この構想は、土佐藩の大政奉還建白書にひきつがれていくこととなりました。

囲み⑥海援隊で議論されていた国家構想

一　（幕府は）政権を朝廷に返し、政治のきまりは、朝廷から出されるようにすること（以下、略）

帝国書院P166　坂本龍馬写真キャプション　○

新しい時代に必要な八つの政策を語り、大政奉還の実現に力を尽くしました。

育鵬社P175　○

大政奉還

公武《こうぶ》合体の立場をとる土佐藩では、坂本龍馬や後藤象二郎が、前藩主の山内豊信《やまうちとよしげ》（容堂《ようどう》）を通して慶喜に、討幕派の先手を打って政権を朝廷に返すよう進言しました。慶喜は、幕府による政治はこれ以上続けられないと判断し、1867（慶応3）年10月、京都の二条城《にじょうじょう》で、政権を朝廷に返すことを発表しました（大政奉還）。

これら4社の記述は、いずれも坂本の大政奉還への関与を断定的に記述している。それに対して、「土佐藩を通じて徳川慶喜に大政奉還をはたらきかけたともいわれます」と断定を避けた慎重な言い回しをしている自由社の記述に検定意見をつけるのは、ダブルスタンダード検定である。

く、坂本龍馬の実際の行動を誤解するおそれがある」として否とした。自由社の記述は「一般的な記述」に過ぎず、「坂本龍馬の実際の行動を誤解するおそれ」などあり得ない。

ところが、他社の記述を見ると、坂本龍馬が大政奉還に関与したと記す教科書は自由社以外に4社もある。各社の記述を引用する。

教育出版P166　○

坂本龍馬《さかもとりょうま》と大政奉還《たいせいほうかん》

坂本龍馬は，江戸幕府《えどばくふ》の軍艦奉行《ぐんかんぶぎょう》を務めていた勝海舟《かつかいしゅう》の門に入り，日本を取り巻く世界の情勢を知るなかで，それまでの尊王攘夷《そんのうじょうい》の考えから開国へと考えを改めるようになりました。そして1866年，幕府政治を終わらせるため，龍馬らの仲立ちによって，薩摩《さつま》藩の西郷隆盛《さいごうたかもり》と長州《ちょうしゅう》藩の木戸孝允《きどたかよし》らが会見し，薩長同盟《さっちょうどうめい》が結ばれました(←p.163)。

翌年6月，龍馬は，長崎《ながさき》から京都《きょうと》に向かう船の中で，土佐藩の後藤象二郎《ごとうしょうじろう》に「船中八策」とよばれる新しい日本の政治構想を話したといわれています。その内容は，①幕府が政権を朝廷《ちょうてい》に返したうえで，朝廷を中心にした統一国家をつくること，②上下の議院を設けて議員の話し合いによる政治を行うこと，③有能な人材を政治に登用すること，④欧米《おうべい》諸国と結んだ不平等条約を改正すること，⑤新たに憲法をつくること，⑥海軍を強化すること，⑦天皇《てんのう》直属の軍隊をつくること，⑧金と銀の交換《こうかん》比率を変更することなどであったとされています。

後藤は，その後，土佐藩を通じて大政奉還を徳川慶喜《とくがわよしのぶ》に勧《すす》め，10月に大政奉還が実現しました。

教育出版は独立のコラムで「坂本龍馬と大政奉還」と銘《めい》打《う》ち、「船中八策」を詳細に書いて坂本龍馬の功績として断定した、この教育出版の記述に対しては何の検定意見も付けず、断定を避けた自由社の記述を欠陥箇所に仕立てる教科書検定は、ダブルスタンダード検定である。

19　欠陥箇所番号 252　坂本龍馬と大政奉還

番号	ページ	箇所	指摘事項	指摘事由	検定基準
252	162	写真	「⑤坂本龍馬」キャプション中、「土佐藩を通じて徳川慶喜に大政奉還をはたらきかけたともいわれます。」	生徒が誤解するおそれのある表現である。 （龍馬の実際の行動）	3-(3)

この検定意見自体が極めて不当である。坂本龍馬《りょうま》が薩摩・土佐両藩の間で周旋《しゅうせん》を行い、両藩が大政奉還《たいせいほうかん》に合意した薩土盟約《さつどめいやく》の議論にも参加していたことは、史料上明白である。また、大政奉還前日にその採否を決める会議に出席する後藤象二郎《しょうじろう》にあてた書簡が確認されている（日本経済新聞電子版、2010年6月16日）。しかも、最近、「船中八策《せんちゅうはっさく》」不在説が出ている学説状況も見据《みす》えて、「はたらきかけたともいわれます」という、断定を避けた慎重な書き方を敢《あ》えてしている。

自由社P162　×

⑤坂本龍馬《さかもとりょうま》
(1835～67)
土佐藩を脱藩した浪人《ろうにん》で、薩摩、長州両藩を説いて薩長同盟を実現させました。土佐藩を通じて徳川慶喜に大政奉還をはたらきかけたともいわれます。(高知県立歴史民俗資料館蔵)

しかし、自由社の「反論書」に対する「認否書」では、「一般的な記述ではな

教育出版P103　○

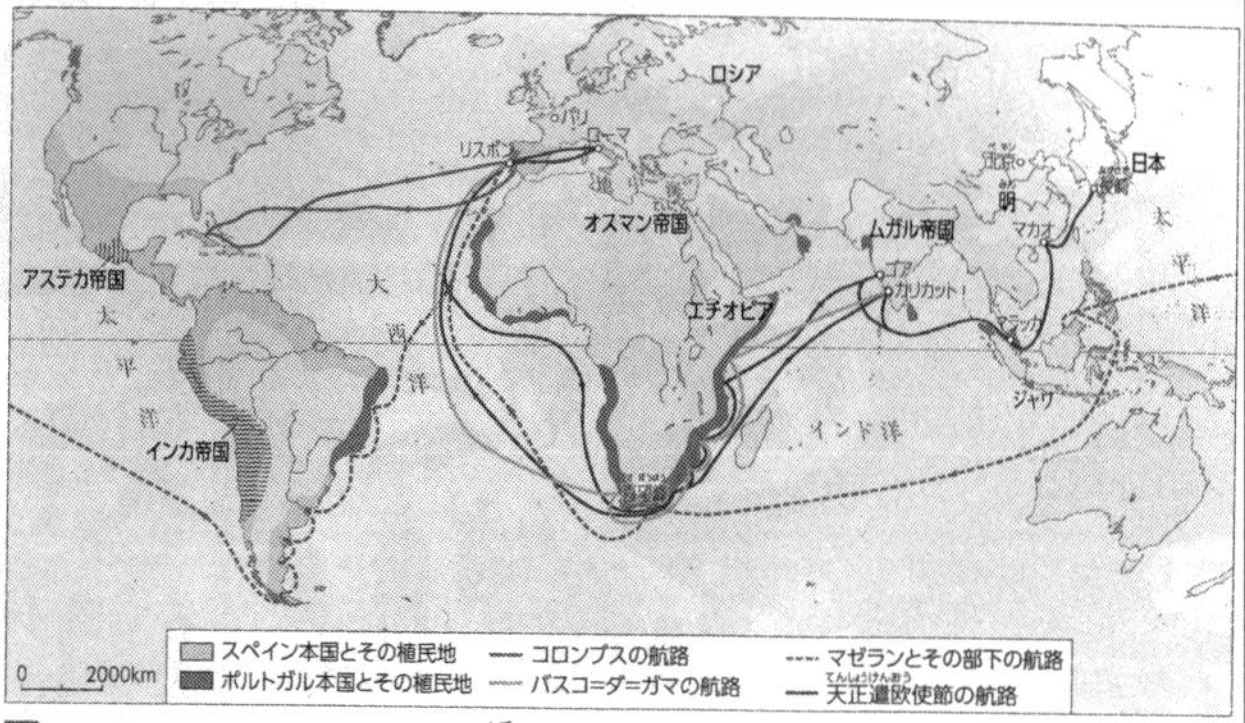

5 16世紀ごろの世界　スペインが「太陽の沈《しず》まない国」といわれたのは，なぜでしょうか。

自由社P105

❺ヨーロッパ人による新航路の開拓
（ス）はスペイン、（ポ）はポルトガル

年	事　蹟
1492	コロンブス（ス）、大西洋を横断しアメリカ大陸に到達
1498	バスコ・ダ・ガマ（ポ）、アフリカ南端の喜望峰を回り、インドに到達
1522	マゼラン（ス）、南米大陸の南端を経て太平洋からフィリピン到達、世界一周を達成

※ 1534 年、カトリックのイエスズ会創立。

日本文教出版P114　自由社同様に×

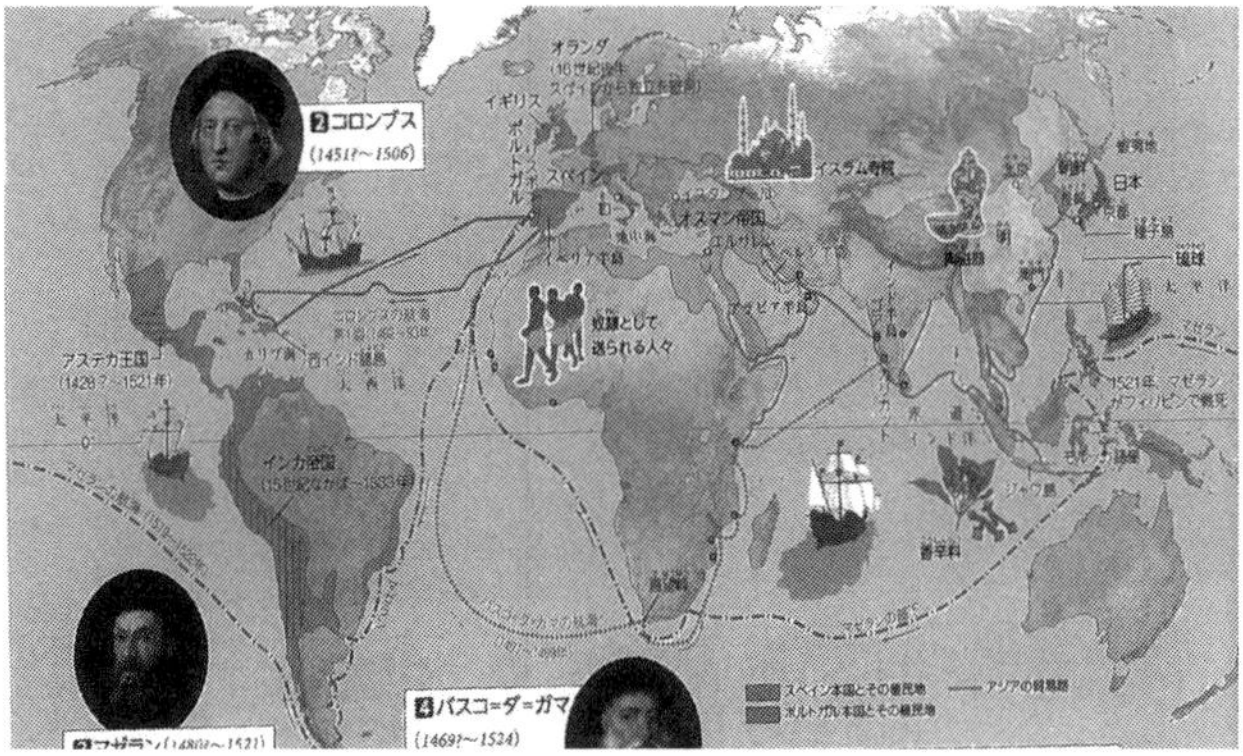

育鵬社P108　○

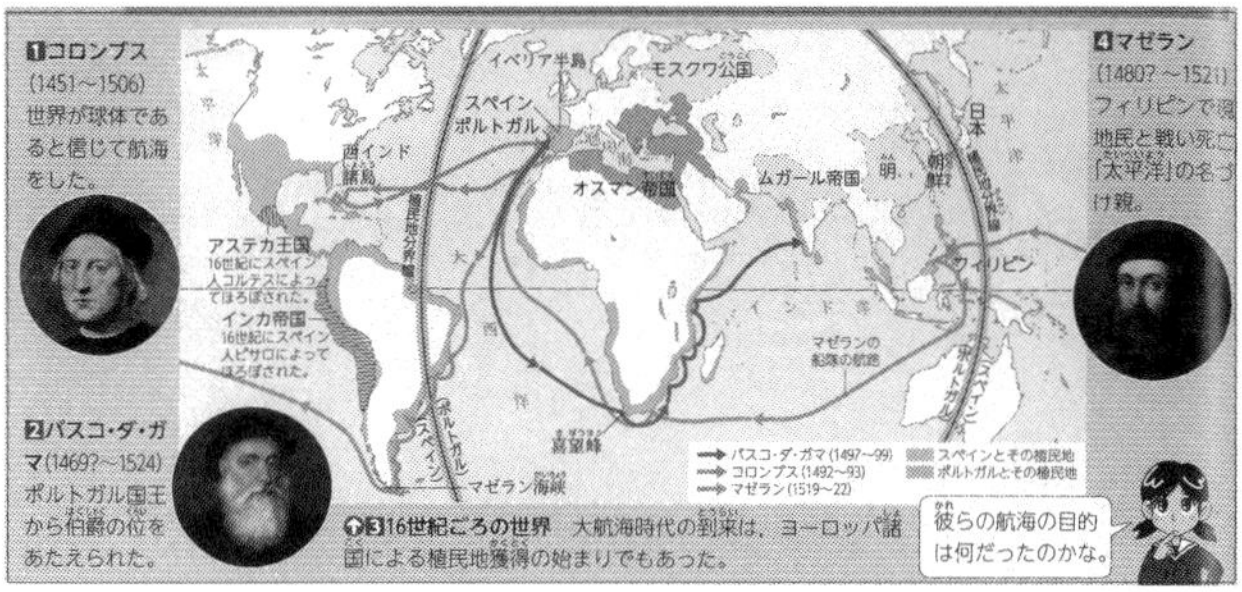

❸16世紀ごろの世界　大航海時代の到来は、ヨーロッパ諸国による植民地獲得の始まりでもあった。

18　欠陥箇所番号 189　マゼランの出航地

番号	ページ	箇所	指摘事項	指摘事由	検定基準
189	105	図	「④地球を二分しようとしたポルトガルとスペイン」中、「マゼラン」の線	生徒が誤解するおそれのある図である。（同ページ表「⑤ヨーロッパ人による新航路の開拓（ス）はスペイン、（ポ）はポルトガル」中、「1522マゼラン（ス）」に照らして、マゼランの出港地を誤解する。）	3-(3)

自由社P105の地図では、マゼランの出航地をポルトガルの首都リスボンとしていたが、同じ頁の年表では、「1522 マゼラン（ス）」と記していた。（ス）とはスペインのことである。つまり、全体としては、スペインのマゼランがポルトガルのリスボンから出航したということになる。これでは生徒が誤解するのではないかと考えてつけられた検定意見であろうが、何も問題はない。

日本文教出版、教育出版、育鵬社の3社も、自由社と同じく、スペインのマゼランがポルトガルのリスボンから出航したとしている。ところが3社のうち、日本文教出版にだけ検定意見が付けられ、教育出版と育鵬社には意見が付かなかった。これもダブルスタンダード検定である。

自由社P105　×

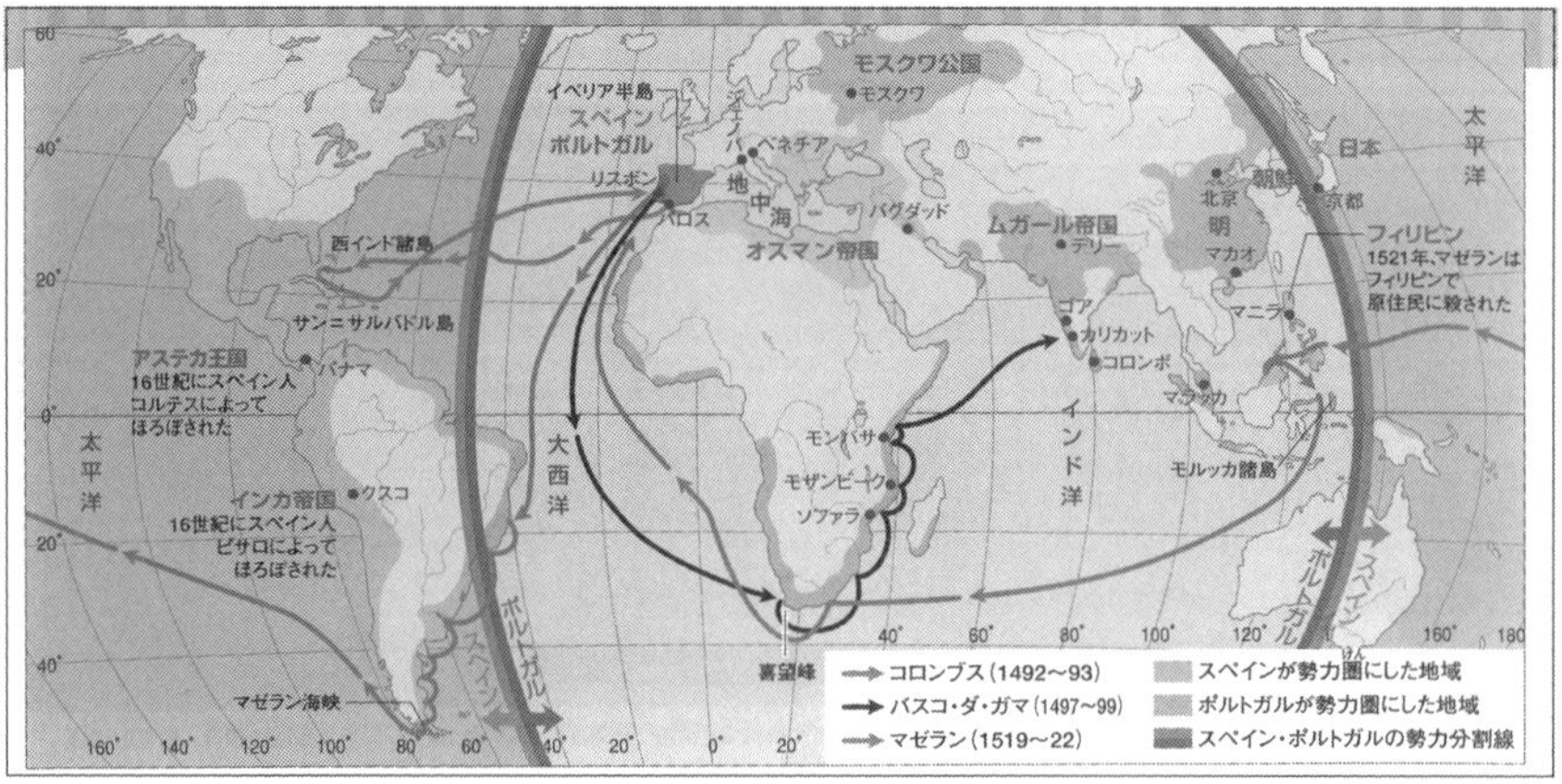

17　欠陥箇所番号 156　元寇防塁

番号	ページ	箇所	指摘事項	指摘事由	検定基準
156	81	写真	「④元寇防塁」	生徒が誤解するおそれのある表現である。（防塁が復元されたものであることがわからない。）	3-(3)

教育出版P74の「元寇《げんこう》防塁跡（福岡市）」の写真、山川出版社P82の「博多海岸に残る石塁　福岡県」にも「復元」に関する記述はないにもかかわらず、検定意見が付けられていない。ダブルスタンダード検定である。

自由社P81　×

④元寇防塁　福岡県博多湾に築かれた石塁の跡（福岡市提供）

教育出版P74　○

2 元寇防塁跡（福岡市）

山川P82　○

▲2博多湾岸に残る石塁　福岡県

16　欠陥箇所番号136　院政

番号	ページ	箇所	指摘事項	指摘事由	検定基準
136	71	4 5	院政が始まると、白河上皇は、税の免除などの特権を荘園に与えたので、多くの荘園が上皇のもとに集まりました。	生徒が誤解するおそれのある表現である。 （税を免除する主体）	3-(3)

この記述はなぜ検定意見がつくのか理解出来ない。税を免除する主体は名目上天皇であるから、という形式論なのかもしれないが、それならば、育鵬社P75の「上皇は荘園《しょうえん》に多くの権利をあたえて保護したため」という記述になぜ検定意見が付かないのか理解不能であり、ダブルスタンダード検定である。

15　欠陥箇所番号92　仏教伝来

番号	ページ	箇所	指摘事項	指摘事由	検定基準
92	44	24	欽明天皇の治世であった552年、金銅(銅・青銅の金メッキ)の仏像と経典を大和朝廷に献上しました。これを仏教伝来といいます。	生徒が誤解するおそれのある表現ある。(仏教伝来の年についての現在の学説状況)	3-(3)

仏教伝来の年に関して、538年（6世紀前半）説と552年（6世紀半ば）説の2つの説があることはよく知られている。どちらをより有力と見るかについても学者によって異なり、変遷もある。だから、本来検定ではどちらの説も認めるべきである。

上記の指摘は、538年伝来説が学説上主流であるとする見方に立っている。育鵬社P41の「6世紀前半には、仏教が伝来しました」や、学び舎P38の「仏教は6世紀前半に、朝鮮半島の百済《くだら》から伝えられました」という記述に検定意見がつかなかったのは、検定意見の立場からは整合的である。

しかし、それならば、東京書籍P35の「6世紀半ばに仏教を伝え」や、山川出版社P36の「6世紀半ばに百済から仏教が伝えられると」という記述になぜ検定意見が付かないのか。東京書籍や山川出版社に検定意見を付けず、自由社にのみ検定意見をつけるのは、ダブルスタンダード検定である。

14　欠陥箇所番号57　水田稲作の伝来ルート

番号	ページ	箇所	指摘事項	指摘事由	検定基準
57	31	16 17	稲作は、長江流域から伝わったものと考えられるようになりました。	生徒が誤解するおそれのある表現である。 （水田稲作の伝来ルートについての学説状況）	3-(3)

帝国書院P17図5「世界各地の文明と栽培植物が伝わった方向」の中の図示では、稲の伝播《でんぱ》は稲の原産地→中国→日本となっており、朝鮮半島ルートで伝播した表示がないにもかかわらず、検定意見はついていない。帝国書院の本文中では、中国、朝鮮からの伝播説に触れてはいるとはいえ、P17の図に関してなにも検定意見が付かないのは、学説状況で自由社検定本に意見を付ける態度と矛盾する、ダブルスタンダード検定である。

イネの起源は従来の朝鮮半島伝来説の他に台湾→沖縄説、中国大陸からの直接伝来説が考えられるようになった。沖縄での水耕遺跡の状況を踏まえたうえで、この3つのうちで農林水産省の考える最有力説は中国大陸からの直接伝来説である。この学説の流れを反映したものが自由社検定本の記述である。

帝国書院P17　○

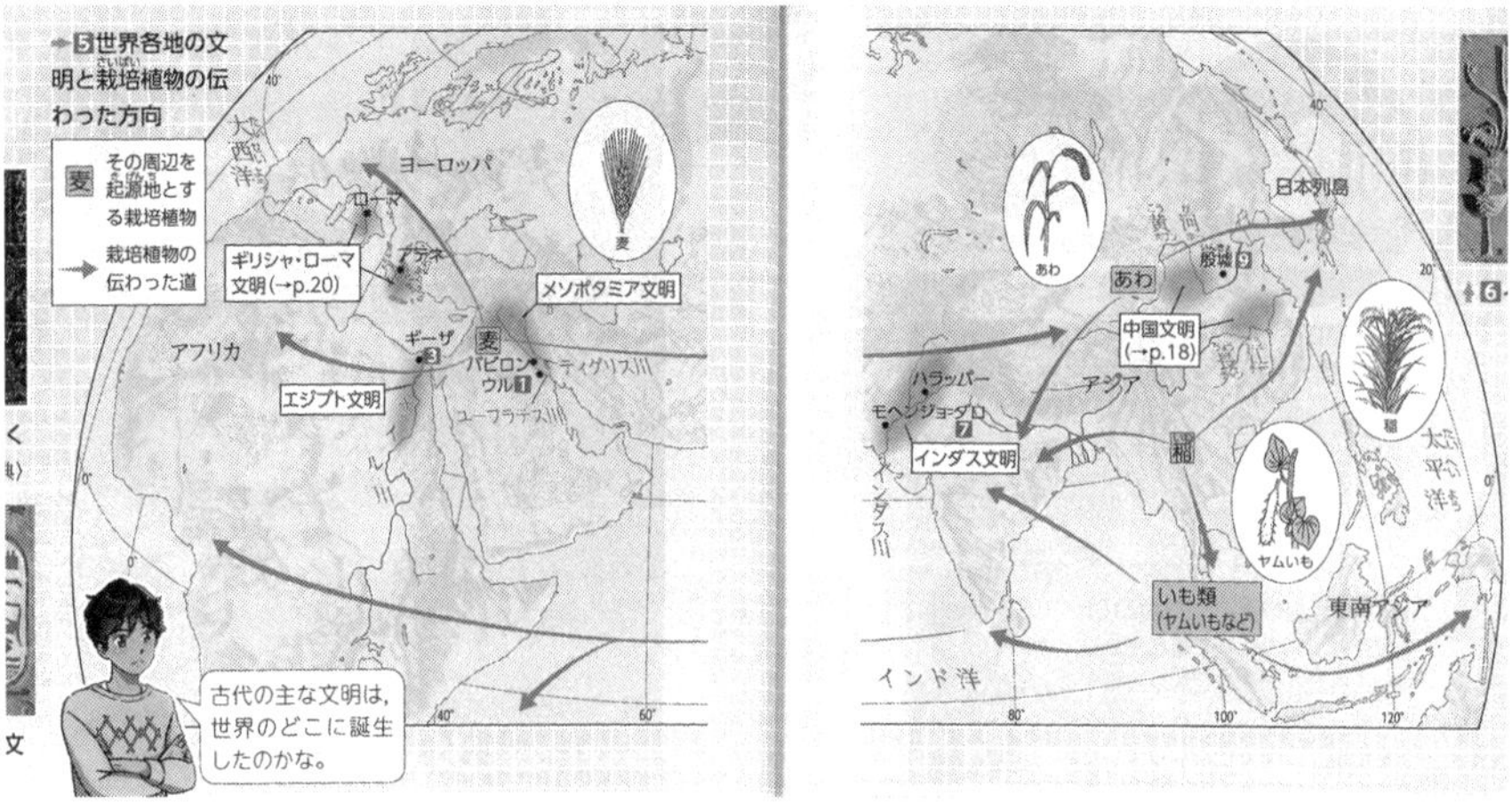

東京書籍P30　○

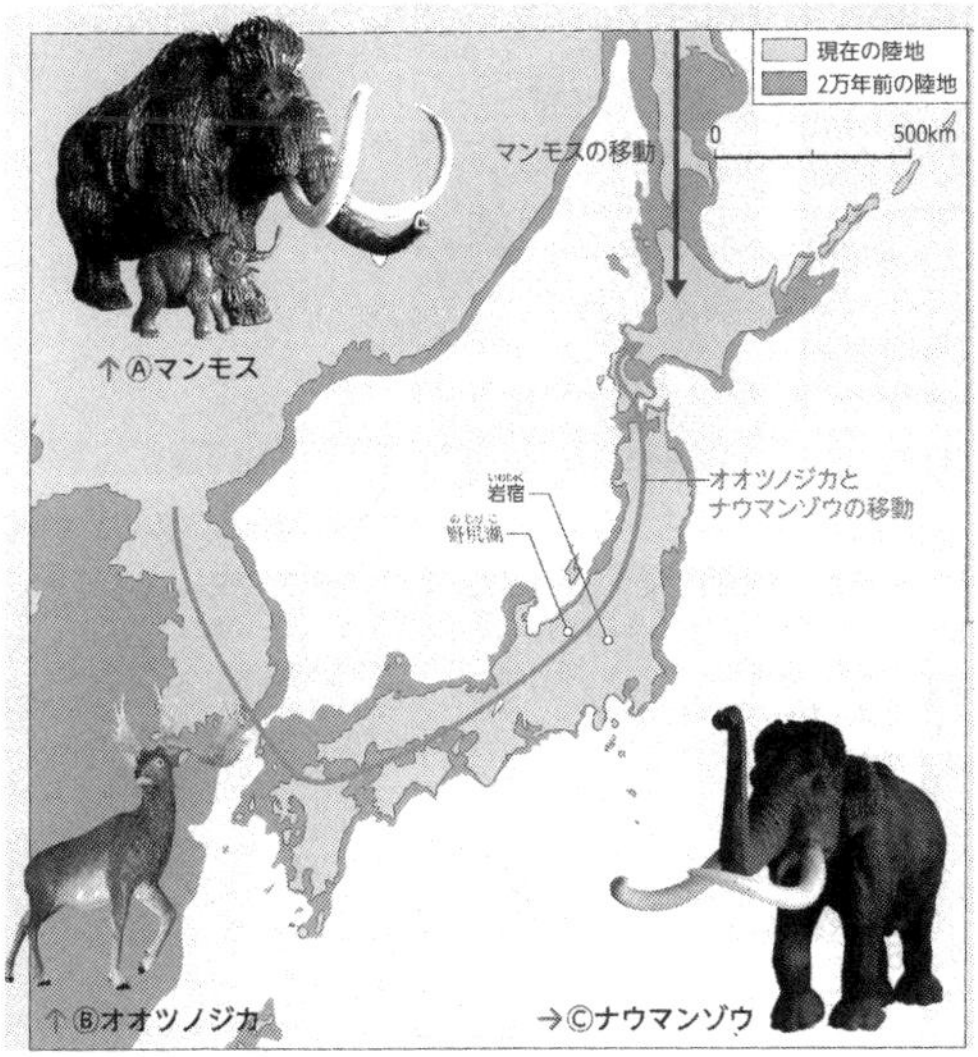

日本文教出版P28　○

⬆1 大陸と陸続きのころの日本列島（約2万年前）

＊これ以外の教科書の地図は省略した。

	津軽海峡ルート	朝鮮半島ルート	検定意見
正解	**海**	**陸続き**	
自由社	陸続き	陸続き	×
山川	陸続き	陸続き	○
帝国	陸続き	海	○
東書	陸続き	海	○
日文	海	海	○
教出	海	海	○
学び舎	海	海	○
育鵬社	判別不能	判別不能	○

文科省の基準による正解は1社もない。それなのに、自由社だけに検定意見がつき、他社はすべて不問に付されている。ダブルスタンダード検定である。

なお、補足すれば、北海道のナウマンゾウについては、マンモスのように大陸北回りで入って来たとする説がある。つまり、ナウマンゾウは西回りの朝鮮半島経由で本州に入った経路と北回りで北海道に至った経路の二つの経路が考えられている。

自由社P21　×

13 欠陥箇所番号33 氷河期の日本列島

番号	ページ	箇所	指摘事項	指摘事由	検定基準
33	21	図	「④日本人の祖先が来た3つのルート」中、津軽海峡	生徒にとって理解し難い表現である。（同地図キャプション中の「津軽海峡は100m以上の深さがあったので」との関係が理解し難い。）	3-(3)

地図上で、氷河期には地続きだった朝鮮半島から渡ってきたナウマンゾウは本州から見つかる。

一方、深さ100m以上あった津軽海峡は、氷河期でも地続きにはならなかったが、人は氷の上を歩いて本州に渡ってきた。しかし、体重が重いマンモスは渡ることが出来ずに、マンモスの化石は北海道からしか見つからない。以上のことを自由社P21の地図は表している。

検定意見は、自由社検定申請本の地図で津軽海峡が本州と地続きとなっているように見えるので、上記の説明と矛盾する、という意味である。

しかし、それを指摘するなら、東京書籍P30の地図でも、津軽海峡は陸続きのように見え、さらに、悪いことに、朝鮮半島ルートは海で隔《へだ》てられている。従って、矢印で示したナウマンゾウの移動経路は成り立たない。それにもかかわらず、検定意見はついていない。この時点でダブルスタンダード検定が確定する。

この教材を取り上げている全社の扱いを、検定の論理で一覧表にすると次の通りである。

12　欠陥箇所番号 130　古代までの日本

番号	ページ	箇所	指摘事項	指摘事由	検定基準
130	68		兄の一段目の吹き出し中､｢古代までの日本は､約20万年前のアフリカでの｢ホモ･サピエンス｣（知恵のあるヒト）の誕生から､11世紀末の摂関政治の終わり頃まで､とても長いね｡｣	生徒にとって理解し難い表現である。（アフリカにおけるホモ・サピエンス誕生と日本の古代史とを結ぶ意味）	3-(3)

まず、この検定意見は、意味不明である。「アフリカにおけるホモ・サピエンス誕生と日本の古代史とを結ぶ意味」が「生徒にとって理解し難い」というが、それは学習指導要領が人類誕生から古代日本までの時代をひとまとまりにして一つの章「古代までの日本」で扱うことを要求しているから、自由社の教科書も仕方なく、最後のページの兄弟問答の中で、兄に上記のようなセリフをしゃべらせているだけなのだ。それなのに、ホモ・サピエンス誕生と日本の古代史とはどういう関係があるのか（直接の因果関係など想定すること自体が無意味である）という指摘を行うとは理解し難い。文句があるなら学習指導要領に向かって言っていただきたい。

ところが、東京書籍P19には､「第２章　古代までの日本」始めるに当たって「この章では、人類の誕生から平安時代の中ごろまでの時代について学習します」と書かれている。自由社のまとめの記述と同じなのに、東京書籍には何の検定意見もつけられていない。ダブルスタンダード検定である。

自由社P68　×

(兄)

古代までの日本は、約 20 万年前のアフリカでの「ホモ・サピエンス」（知恵のあるヒト）の誕生から、11 世紀末の摂関政治の終わり頃まで、とても長いね。それで、下のまとめ図では、これを 4 つにわけているんだね。

11　欠陥箇所番号134　警備の武士

番号	ページ	箇所	指摘事項	指摘事由	検定基準
134	70	写真	①キャプション中、「警備の武士、僧兵たち」	生徒が誤解するおそれのある表現である。(「武士」)	3-(3)

自由社P70のキャプションで「警備の武士」が欠陥箇所とされたが、同じ図版に付けた帝国書院P62の「警備する武士」はノーマークで合格している。ダブルスタンダード検定である。

自由社　P70　×

帝国書院　P62　○

自由社　目次　×

第2節　明治維新と近代国家の成立
49. 欧米諸国の日本接近……………………

帝国書院　目次　○

第4章　近代国家の歩みと国際社会
1　日本を取り巻く世界情勢の変化

日本文教出版　目次　○

第5編　近代の日本と世界
第1章　日本の近代化……………………158

⑤ ヨーロッパのアジア侵略

10　欠陥箇所番号240　欧米諸国の日本接近

番号	ページ	箇所	指摘事項	指摘事由	検定基準
240	156 157		「49 欧米諸国の日本接近」(全体)	学習指導要領に示す内容に照らして、扱いが不適切である。 (内容B⑶のアの㈡の「社会の変動や欧米諸国の接近、幕府の政治改革、新しい学問・思想の動きなどを基に、幕府の政治が次第に行き詰まりをみせたことを理解すること」)	2-(1)

自由社の歴史教科書は、「欧米諸国の日本接近」という単元を、近世の最後ではなく近代の最初に置いている。それは、近代日本の始まりを教える際に、「ペリー来航」の単元からいきなり始めるよりも、それ以前から欧米諸国の日本接近という事実があり、すでに日本人の中に危機感を持つ者がいたことを伏線として知ることで、ペリー来航時の日本人の反応を生徒は理解しやすくなるという、教育現場からの強い指摘があったからである。しかし、これは学習指導要領に反するとして検定意見がつけられた。

学習指導要領には、「近世の日本」の学習内容として、「社会の変動や欧米諸国の接近、幕府の政治改革、新しい学問・思想の動きなどをもとに、幕府の政治が次第に行き詰まりを見せたことを理解すること」(下線は引用者)。

ところが、帝国書院も日本文教出版もこの学習内容を「近代」に入れている。とりあげるトピックも、間宮林蔵《まみやりんぞう》、異国船打払令《いこくせんうちはらいれい》、蛮社《ばんしゃ》の獄《ごく》の3つで、自由社と同じ内容である。以下に各社の目次のみ切り出して示す。これは大がかりなダブルスタンダード検定である。

09　欠陥箇所番号94　聖徳太子と厩戸皇子

番号	ページ	箇所	指摘事項	指摘事由	検定基準
94	44	18 19	聖徳太子は皇族の一人として生まれ、古事記や日本書記では厩戸皇子などとも表記されています。	学習指導要領に示す内容の取扱いに照らして、扱いが不適切である。 （内容の取扱い(3)のアの「後に「聖徳太子」と称されるようになったことに触れること」）	2-(1)

指摘事由では、学習指導要領の「後に『聖徳太子《しょうとくたいし》』と称されるようになったことに触れること」という規定に反するというが、育鵬社P46にも、「このときに摂政《せっしょう》となり、馬子《うまこ》とともに推古《すいこ》天皇を支えたのが、幼いころからすぐれた才能を示し、蘇我《そが》氏と血縁のある皇族の聖徳太子（厩戸皇子《うまやどのおうじ》）でした。」とあり、「後に『聖徳太子』と称されるようになったこと」には触れていないにもかかわらず、検定意見が付いていない。

ダブルスタンダード検定である。

自由社　P44　×

導者でした。聖徳太子は皇族の一人として生まれ、古事記や日本書記では厩戸皇子《うまやどのおうじ》などとも表記されています。一度に10人の訴

育鵬社　P46　○

即位《そくい》しました。このときに摂政《せっしょう》となり，馬子とともに推古天皇を支えたのが，幼いころからすぐれた才能を示し，蘇我氏と血縁のある皇族《こうぞく》の聖徳太子《しょうとくたいし》（厩戸皇子《うまやどのおうじ》）でした。

08　欠陥箇所番号361　日中戦争長期化の原因

番号	ページ	箇所	指摘事項	指摘事由	検定基準
361	253	右上囲み	【課題②について書いたさくらさんのノート】中、「⑤日本と中国の紛争においてアメリカは中国を支援し、日中戦争が始まってからも援蔣ルートによる支援を続けたので、日中戦争は泥沼化した。」	生徒が誤解するおそれのある表現である。(日中戦争長期化の原因)	3-(3)

これについて、4つの教科書の記述を比較する。

▽自由社P253･･･日本と中国との紛争においてアメリカは中国を支援し、日中戦争が始まってからも援蔣《えんしょう》ルートによる支援を続けたので、日中戦争は泥沼化した。……×

▽山川出版社P240･･･物資の支援路（援蔣ルート）を通じてアメリカやイギリスなどからの援助を受けながら抗戦を続けたため、日中戦争は長期戦となった。……○

▽日本文教出版P245･･･国民政府はアメリカやイギリスなどの援助を受けて抗戦をつづけ、戦争は長期化していきました。……○

▽帝国書院P238･･･アメリカ・イギリス・ソ連などの支援を受けて抵抗を続けたため、戦争は長期戦となっていきました。……○

いずれも米英等の支援が日中戦争長期化の原因であるとする点で同じである。しかるに、自由社にのみ「生徒が誤解するおそれのある表現である。(日中戦争長期化の原因)」という指摘がなされ、検定意見がつけられたのはダブルスタンダード検定である。

07　欠陥箇所番号241　レザノフ来航

番号	ページ	箇所	指摘事項	指摘事由	検定基準
241	156	10 12	1804(文化元)年にはレザノフが派遣されて幕府に通商を求めました。幕府が鎖国を理由に拒否すると、彼らは樺太や択捉島にある日本人の居留地を襲撃し日本人を殺傷しました。	生徒が誤解するおそれのある表現である。 (幕府の通商拒否と日本人居留地襲撃との時間的関係)	3-(3)

これについての三つの教科書の記述を掲げる（下線は引用者による)。

▽自由社P156･･･1804（文化《ぶんか》元）年には、レザノフが派遣されて幕府は通商を求めました。幕府が鎖国を理由に拒否すると、彼らは樺太《からふと》や択捉島《えとろふとう》にある日本人の居留地を襲撃し、日本人を殺傷しました。……×

▽山川出版社P140-141･･･幕府が長崎での交渉をするとしたため、ロシアは1804（文化元）年、使節レザノフを長崎へ派遣したが、幕府は新たな通商は認められないとして、交渉を打ち切った。これに対し、レザノフの部下が、樺太（サハリン）や択捉島を襲撃する事件が起こった。……◯

▽育鵬社P140･･･1804（文化元）年には、ロシア使節レザノフが長崎に来航し、再び通商を求めましたが、幕府は応じませんでした。そのためロシア船が樺太や択捉島に攻撃を加えてきました。……◯

いずれの教科書においても、①レザノフが長崎に来航し幕府に通商を求めた、②幕府はこれに応じなかった、③ロシア船は樺太や択捉島を襲撃した、という時間軸に沿った三つの事実の記述があり、②と③の間に因果関係を認める記述（傍線の箇所）となっている点において共通している。自由社にのみ検定意見をつけたのは、ダブルスタンダード検定である。

06　欠陥箇所番号374　東京オリンピック

番号	ページ	箇所	指摘事項	指摘事由	検定基準
374	269	10右	オリンピックには93か国5588人が参加しました。	生徒が誤解するおそれのある表現である。(93か国)	3-(3)

「93か国」について前回検定で認められていたと反論したところ、「反論認否書」では、「改めて精査した結果、申請図書の記述では誤解するおそれがある」として否とされた。

ところが、東京書籍P243は「93の国と地域」、学び舎P264は「国と地域は…93」と、同じ数字をあげている。「国と地域」が欠けているのが理由だとすれば、日本文教出版P260が、「94か国」として同じく「国と地域」が欠けているのに検定意見が付いていないことが説明できない。ダブルスタンダード検定である。

自由社　P269　×

オリンピックには93か国5588人が参加

東京書籍　P243　○

日本で開催されたオリンピック・パラリンピック

1964年10月10日，東京で第18回オリンピック大会が開催され，93の国と地域から5152人の選手が参加

学び舎　P264　○

送は人工衛星で海外にも同時中継されました。参加した国と地域には，新たに独立したアジア・アフリカの国々が加わり，それまでで最高の93となりました。マラソンでは，エチオピアのアベベ選手が優勝しまし

日本文教出版　P260　○

1964(昭和39)年には94か国の選手を集め，アジアで初めて開いたオリンピックの会場になりました。

05　欠陥箇所番号 170　惣の掟

番号	ページ	箇所	指摘事項	指摘事由	検定基準
170	89	囲み	「⑤惣の掟の例」	生徒が誤解するおそれのある表現である。（三ケ条がそれぞれ出された時期）	3-(3)

三カ条がそれぞれ出された時期を書いていないことをもって、同時に出されたものと誤解するおそれがあるとの指摘であるが、東京書籍P83、日本文教出版P95も自由社と同じ扱いをしているにもかかわらず、検定意見が付いていない。ダブルスタンダード検定である。

自由社　P89　×

⑤惣《そう》の掟《おきて》の例

一、寄合《よりあい》に、二度よびかけて出席しない者には罰金《ばっきん》を支払《しはら》わせる。

一、惣《そう》の森で木のなえを切った者は村人としての身分を奪《うば》う。

一、よそ者を保証人もないのに村内に住まわせてはならない。

（『今堀日吉《ひえ》神社文書』より一部要約）

東京書籍　P83　○

❼村のおきて　（部分要約）

一　寄合《よりあい》❶があることを知らせて，二度出席しなかった者は，五十文《もん》のばつをあたえる。

一　森林の苗木《なえぎ》を切った者は，五百文のばつをあたえる。

一　若木の葉をとったり，くわの木を切ったりした者は，百文のばつをあたえる。

❶人々の集まり。　（今堀《いまぼり》日《ひ》吉《え》神社文書《もんじょ》）

日本文教出版　P95　○

❻今堀郷《いまぼりごう》のおきて

一　寄合があるとき，2度連絡《れんらく》しても参加しない者は，50文《もん》の罰金とする。

一　森林の苗木《なえぎ》を切り取った者は，500文の罰金とする。

（『今堀日吉《ひえ》神社文書』より一部要約）

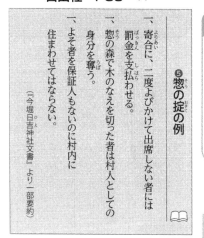

04　欠陥箇所番号71　ヤマト王権

番号	ページ	箇所	指摘事項	指摘事由	検定基準
71	36	囲み	「歴史の言葉④大和朝廷」中、「ヤマト王権」とする用語も使われています。カタカナ書きは、地名との混同を避けるためです」	生徒が誤解するおそれのある表現である。(「ヤマト」の意味)	3-(3)

「ヤマト王権」のカタカナ書きは「地名との混同を避けるため」と書いたことが欠陥箇所とされたため、「不合格理由に対する反論書」で反論したところ、「認否書」では「『ヤマト』にも地名としての意味があり、反論は認められない」とされた。

ところが、帝国書院P30でも、「後の地域名の『大和』と区別するため、『ヤマト』と表記しています」と書かれている。ダブルスタンダード検定である。

自由社　P36　×

「朝廷」の語を使うと整備された国家機構があったと誤解《ごかい》される恐れがあるとして、「大和政権」または「ヤマト王権」とする用語も使われています。カタカナ書きは、地名との混同を避けるためです。

帝国書院　P30　○

❶ 中国から倭王《わおう》の称号を与《あた》えられた，後《のち》の大王《おおきみ》を中心とする豪族《ごうぞく》たちの緩《ゆる》やかな連合勢力《せいりょく》。「大和朝廷《やまとちょうてい》」とよばれることもありますが，「朝廷」とは政治《せいじ》を行う機関であり，当時は整った組織《そしき》はまだなかったので，「王権」と表記しています。また，国号の「倭」や後の地域《ちいき》名の「大和《やまと》」と区別するため，「ヤマト」と表記しています。

03　欠陥箇所番号309　補助艦の比率

番号	ページ	箇所	指摘事項	指摘事由	検定基準
309	225	囲み	⑧軍縮の時代」7～8行目「米英日の補助艦の比率が10:10:7に定められ」	不正確である。(日本の比率)	3-(1)

日本の比率は正確には、百分比で69.75パーセントであった。しかし、それは中学校段階の学習課題ではない。「不合格理由に対する反論書」には、「69.75パーセントを7割と表現するのは特別のことではない」と書いたところ、「反論認否書」では、「『69.75%』とするには歴史的に大きな意味があり、『7割』とするのは不正確である。反論は認められない」との理由で否とされた。

ところが、帝国書院P216も「米10,英10,日7」、日本文教出版P231も「米10:英10: 日7」としているのに何の検定意見もついていない。ダブルスタンダード検定である。

自由社　P225　×

⑧軍縮の時代

略

た。米英日の補助艦の比率が10：10：7に定められ、危機感を抱《いだ》く軍人も増えました。

帝国書院　P216　○

ロンドン海軍軍縮《ぐんしゅく》会議

・米・英・日の補助艦《ほじょかん》の保有制限が決まる(米10：英10：日7)

日本文教出版　P231　○

ロンドン海軍軍縮条約(1930年)

補助艦《ほじょかん》(主力艦以外)の保有量の割合《わりあい》を米10，英10，日7と定めた。

02　欠陥箇所番号185　エルサレム

番号	ページ	箇所	指摘事項	指摘事由	検定基準
185	102	写真	③エルサレム	表記が不統一である。(同ページ、写真「①サンピエトロ大聖堂」には世界遺産マークがある。)	3-(4)

本来、この指摘は不適切である。サンピエトロ大聖堂は建造物であるからそのまま世界遺産になり得るが、エルサレムは都市名（地名）であり、地名がまるごと世界遺産になることはない。指定された世界遺産はあくまで、エルサレムの「旧市街とその城壁群」である。

教育出版P99にもエルサレムという見出しのもと同類の写真が掲載されているが、こちらには何の検定意見もついていない。しかも、その対向ページには、自由社と同じサンピエトロ大聖堂が置かれていて、全く同じ配置パターンであるにもかかわらず、そのまま合格しているのに、自由社だけが欠陥箇所とされているのは、ダブルスタンダード検定である。

自由社　P102

❶サンピエトロ大聖堂　カトリック教会の総本山《そうほんざん》。ローマの一角《いっかく》のバチカン市《し》国《こく》にあります。世

自由社　P102　×

❸エルサレム　ユダヤ教・キリスト教・イスラム教の3つの聖地が重なっています。

教育出版　P98

キリスト教とイスラム教が
おこったのは，
それぞれどこだったかな。

1 カトリック教会の総本山であるサン・ピエトロ大聖堂
（バチカン市国）

教育出版　P99　○

6 エルサレム
ユダヤ教・キリスト教・イスラム教の聖地です。

01　欠陥箇所番号223　長屋の一角

番号	ページ	箇所	指摘事項	指摘事由	検定基準
223	142	写真	「長屋の一角」を示す写真と「4畳半」を示す写真	生徒が誤解するおそれのある表現である。（写っている「長屋の一角」と「4畳半」が復元されたものであることがわからない。）	3-(3)

本来、この指摘は不適切である。深川江戸資料館のフロアーにしつらえられた展示であるから、誰も現地であると誤解する者はいない。復元されたものであることを教科書で断る必要はない。

自由社P142と同じ場面が、学び舎P121に掲載されているが、同様に復元されたものであることは書いていないにもかかわらず、こちらには検定意見は付いていない。ダブルスタンダード検定である。

自由社　P142　×

長屋の一角。稲荷（右奥）、井戸（右手前）、ゴミ箱（左手前）、厠（左奥）。

学び舎　P121　○

5共同井戸・便所とごみ溜め

【資料】ダブルスタンダード検定31件の全貌

【凡　例】

1)見出しの最初の数字は整理番号である。01から31まである。

2)見出しの欠陥箇所番号は、令和元年12月25日に文科省から交付された「検定審査不合格理由書」の整理番号にあたる。

3)その次のタイトルは、内容がわかるように便宜的につけたものである。

4)枠で囲われた部分は、上記「検定審査不合格理由書」から該当箇所を貼り付けたものである。

5)その次の地の文は、検定が不正でありダブルスタンダードであることの説明である。

6)図版は各社の検定申請図書（白表紙本）から該当箇所の必要な部分を切り取ったものを掲載する。教科書会社名とページのあとの記号は、×が検定意見を付され、（自由社の場合は）欠陥箇所に指定されたことを示し、○は検定意見がつかずそのまま認められたものであることを示す。また、必要に応じ図中に焦点となる箇所を赤線で囲んで示した。なお、指摘箇所のページは検定申請本のもので、採択用見本本や、生徒が実際に使う供給本とは異なる場合がある。

【初出一覧】

本書は、すでに雑誌やインターネットに書いた文章に追加・削除・修正を加えて出来ている。初出は次の通りである。

はじめに　書き下ろし

一　教科書調査官は泣いた！
　　――崩壊の危機に瀕する教科書検定　Hanada　令和三年七月号

二　日本の教科書をダメにする「赤い官庁」文部科学省の闇
　1　教科書調査官スパイ疑惑事件とは　書き下ろし
　2　前川喜平氏は「教育の中立性」を侵すな　産経新聞平成三十年四月十四日
　3　教科書検定に罰則を導入するな　産経新聞令和二年十一月十八日
　4　「採択特例」は絵に描いた餅　産経新聞令和三年四月二十六日

三　「従軍慰安婦」を教科書に載せるな　WiLL　令和三年二月号

四　「つくる会」教科書は「あまりにも間違いが多い」のか？
　　――文科官僚がばらまくデマに反撃する　Hanadaプラス　令和二年五月アップ

五　新たに露見した極めつきの「不正検定」
　　――「他社は合格、自由社だから不合格」のダブルスタンダード
　　Hanada　令和二年八月号、十二月号

藤岡　信勝（ふじおか・のぶかつ）

1943(昭和18) 年、北海道生まれ。教育研究者。北海道大学教育学部卒業、同大大学院教育学研究科博士課程単位取得。東京大学教育学部教授、拓殖大学教授などを歴任。教育学(教育内容・教育方法)専攻。95年、教室からの歴史教育の改革をめざし「自由主義史観研究会」を組織。97年、「新しい歴史教科書をつくる会」の創立に参加。現在、副会長。著書に『教科書抹殺　文科省は「つくる会」をこうして狙い撃ちした』(飛鳥新社)、『教科書採択の真相』(PHP新書)、『国難の日本史』(ビジネス社)、共著に『教科書が教えない歴史』①～④(産経新聞ニュースサービス)、『「ザ・レイプ・オブ・南京」の研究』(祥伝社) ほか多数。

教科書検定崩壊！

2021年6月16日　第1刷発行

著　　者　藤岡信勝
発 行 者　大山邦興
発 行 所　株式会社　飛鳥新社
〒101-0003　東京都千代田区一ツ橋 2-4-3　光文恒産ビル
電話　03-3263-7770（営業）　03-3263-7773（編集）
http://www.asukashinsha.co.jp
装　　幀　神長文夫＋松岡昌代
印刷・製本　中央精版印刷株式会社

ISBN 978-4-86410-844-7

編集担当　工藤博海　川島龍太